COURS NORMAL

DE

GÉOGRAPHIE

LIVRE-ATLAS

RENFERMANT

UN TRAITÉ DE GÉOGRAPHIE GÉNÉRALE, UNE DESCRIPTION DE LA FRANCE ET DE SES COLONIES,

UN ATLAS DE ONZE CARTES COLORIÉES AVEC LÉGENDES EN REGARD

1° QUATRE TRACÉS DE LA FRANCE;
2° UNE MAPPEMONDE;
3° UNE EUROPE PHYSIQUE;
4° UNE EUROPE POLITIQUE;
5° UNE ASIE PHYSIQUE ET POLITIQUE;
6° UNE AFRIQUE PHYSIQUE ET POLITIQUE;
7° UNE AMÉRIQUE PHYSIQUE ET POLITIQUE;
8° UNE OCÉANIE PHYSIQUE ET POLITIQUE;
9° UNE FRANCE PHYSIQUE;
10° UNE FRANCE POLITIQUE;
11° UNE FRANCE INDUSTRIELLE.

A l'usage de l'enseignement primaire et professionnel.

PAR J. L. SANIS,

Ingénieur géographe, lauréat de l'Exposition universelle de 1855, Professeur spécial de géographie au collége Rollin, à Sainte-Barbe,
au collége Sainte-Geneviève, dirigé par les RR. PP. de la Compagnie de Jésus, et dans les principales écoles préparatoires de Paris,
autéur de plusieurs ouvrages adoptés pour les écoles du Gouvernement.

PARIS

LAROUSSE ET BOYER, LIBRAIRES-ÉDITEURS,
RUE SAINT-ANDRÉ DES ARTS, 47.

1857.

COURS NORMAL

DE

GÉOGRAPHIE

LIVRE-ATLAS

RENFERMANT

UN TRAITÉ DE GÉOGRAPHIE GÉNÉRALE, UNE DESCRIPTION DE LA FRANCE ET DE SES COLONIES,
UN ATLAS DE ONZE CARTES COLORIÉES AVEC LÉGENDES EN REGARD

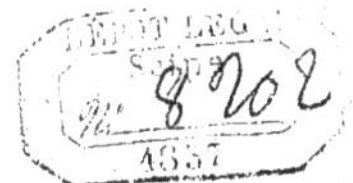

1° QUATRE TRACÉS DE LA FRANCE;	7° UNE AMÉRIQUE PHYSIQUE ET POLITIQUE;
2° UNE MAPPEMONDE;	8° UNE OCÉANIE PHYSIQUE ET POLITIQUE;
3° UNE EUROPE PHYSIQUE;	9° UNE FRANCE PHYSIQUE;
4° UNE EUROPE POLITIQUE;	10° UNE FRANCE POLITIQUE;
5° UNE ASIE PHYSIQUE ET POLITIQUE;	11° UNE FRANCE INDUSTRIELLE.
6° UNE AFRIQUE PHYSIQUE ET POLITIQUE;	

PAR J. L. SANIS,

PROFESSEUR SPÉCIAL DE GÉOGRAPHIE, A PARIS.

Prix : 1 fr. 50 c., franco.

Le Cours normal de géographie élémentaire que nous publions est rédigé d'après une méthode que l'autorité supérieure couronnait et qualifiait d'*Enseignement modèle*, dès l'année 1831.

Lauréat de 1855, M. Sanis a été classé au rang des premiers géographes des temps modernes; il n'est pas seulement le savant qui honore son pays, il est aussi le professeur de géographie le plus habile et le plus expérimenté qu'il y ait en France. C'est après une expérience pratique de trente années, c'est après avoir appliqué sa méthode avec un succès sans précédent, dans les lycées Louis-le-Grand, Saint-Louis et Napoléon, au collège Rollin, à Sainte-Barbe, et dans les grandes Écoles préparatoires de Paris, que M. Sanis a composé son Livre-Atlas, afin de vulgariser l'étude de la géographie et de la mettre à la portée de tous, en la dépouillant de cette foule d'abstractions et de difficultés qui en ont fait jusqu'à ce jour un enseignement stérile.

Son système consiste à exercer la mémoire des enfants en leur faisant apprendre par cœur le traité, divisé en petites leçons; à exercer leurs yeux et à stimuler leur adresse en leur faisant dessiner sur l'ardoise ou sur le papier des tracés relatifs à chaque leçon; à exercer leur intelligence en les formant à la géographie mentale à l'aide d'une orientation pratique.

Les cartes de l'Atlas sont accompagnées de légendes en regard. Ces légendes, qui servent de questionnaires ou de résumés, ont des numéros correspondant à ceux que renferment les cartes. Cette idée ingénieuse a le double avantage de laisser aux cartes une grande clarté, et d'obliger l'élève à chercher les noms dont les numéros tiennent la place.

Nous sommes heureux d'ajouter que la méthode de M. Sanis est conforme en tous points à celle qu'à prescrite Son Excellence M. le Ministre de l'instruction publique, dans sa circulaire à MM. les Recteurs, en date du 3 octobre 1857.

Qu'il soit permis aux Éditeurs de dire, en terminant, un mot de la part modeste qui leur revient dans la publication de cette œuvre nouvelle.

Le but de M. Sanis est de vulgariser l'étude, une étude sérieuse, de la géographie; nous nous sommes mis à son entière disposition; aucun sacrifice ne nous a coûté. L'exécution typographique a été confiée à M. Plon, l'habile imprimeur de S. M. l'Empereur; les cartes, dressées par l'auteur lui-même, ont été gravées avec le plus grand soin, et stéréotypées par le procédé paniconographique, appliqué pour la première fois à une publication de ce genre. — Nous offrons à tout le corps enseignant,

au prix de 1 fr. 50 c.,

une Géographie physique et politique des cinq parties du monde, accompagnée de onze cartes d'une belle exécution et d'un riche coloris.

Nous donnons ici à titre de spécimen la carte physique de la France avec légende en regard, et les cartes-modèles des tracés.

Demandes adressées aux Éditeurs, dès le premier jour de la mise en vente :

Collége Sainte-Barbe, à Paris	5 douzaines.	Séminaire de Montlieu	4 douzaines.
Petit collége Sainte-Barbe, à Fontenay-aux-Roses	8 —	Institution Loriol, préparatoire à la marine	4 —
Séminaire de Notre-Dame-des-Champs, à Paris	2 —	Collége Rollin, à Paris	
Collége Chaptal, à Paris	5 —	Collége Sainte-Geneviève, dirigé par les RR. PP. de la Compagnie	
Dames de l'Enfant Jésus, d'Aurillac	5 —	de Jésus, à Paris	» —

S'adresser en province à tous les libraires classiques, ou aux Éditeurs à Paris. — Envoyer le montant de la demande en un mandat ou en timbres-poste.

1857

LÉGENDE.

FRANCE PHYSIQUE.

MERS.

1 Mer du Nord ou Germanique.
2 Mer de la Manche.
3 Océan Atlantique.
4 Mer Méditerranée.

GOLFES ET BAIES.

5 Baie de la Somme.
6 Golfe de la Seine.
7 Baie de Saint-Malo.
8 Baie de Saint-Brieuc.
9 Rade et port de Brest.
10 Baie d'Ouernenez.
11 Baie d'Audierne.
12 Baie de Concarneau.
13 Golfe du Morbihan.
14 Baie de Bourgneuf.
15 Étang d'Arcachon.
16 Golfe de Gascogne.
17 Golfe du Lion.

DÉTROIT.

18 Détroit du Pas-de-Calais.

ILES ET PRESQU'ILES.

19 Rochers du Calvados.
20 Ile d'Aurigny.
21 Ile de Guernesey.
22 Ile de Jersey.
23 Ile d'Ouessant.
24 Iles de Sein.
25 Iles Glenan.
26 Ile Groaix.
27 Belle-Ile.
28 Ile de Noirmoutier.
29 Ile d'Ieu.
30 Ile de Ré.
31 Ile d'Oléron.
32 Iles d'Hyères.
33 Iles de Lérins.
34 Ile de Corse.
35 Presqu'île de Cotentin.

36 Presqu'île de Bretagne.
37 Presqu'île de Quiberon.

CAPS ET POINTES.

38 Cap Grisnes.
39 Cap d'Entifer.
40 Pointe de la Hève.
41 Cap Barfleur.
42 Cap de la Hague.
43 Cap Sillon.
44 Cap Saint-Mathieu.
45 Cap Penmarch.
46 Pointe du Croisic.
47 Pointe Saint-Gildas.
48 Pointe de Coubre.
49 Pointe de Grave.
50 Cap Cerbera.
51 Cap Sicié.

CHAINES DE MONTAGNES.

52 La chaîne des Alpes.
53 La chaîne du Jura.
54 La chaîne des Vosges.
55 Les monts Faucilles.
56 Les monts de Langres.
57 Les monts de la Côte-d'Or.
58 Les monts du Morvan et du Nivernais.
59 Les monts d'Arrée.
60 La chaîne des Cévennes.
61 Les monts d'Auvergne.
62 Les monts du Limousin.
63 Les monts du Forez.
64 La chaîne des Pyrénées.

VERSANT DE LA MER DU NORD.

BASSIN DE L'ESCAUT.

65 Ceinture : Collines de l'Artois.
66 Collines de Belgique.
67 Cours d'eau : l'Escaut, fleuve.
68 La Lys, rivière, affluent.
69 La Scarpe, rivière, affl.

BASSIN DE LA MEUSE.

70 Ceinture : Ardenne occidentale.

71 Argonne occidentale.
72 Ardenne orientale.
73 Argonne orientale.
74 Cours d'eau : la Meuse, fleuve.
75 La Sambre, affluent.

BASSIN DU RHIN.

76 Ceinture : Faucilles, Vosges mérid. et col de Valdieu.
77 Cours d'eau : le Rhin, fleuve.
78 L'Ill, rivière, affluent.
79 La Moselle, rivière, affl.
80 La Meurthe, riv., sous-affl.
81 La Saar, rivière, sous-affl.

VERSANT DE LA MANCHE.

BASSIN DE LA SOMME.

82 Ceinture : Collines de Picardie.
83 Collines du pays de Caux.
84 Cours d'eau : la Somme, riv.

BASSIN DE LA SEINE.

Ceinture : Monts de Langres, de la Côte-d'Or, du Morvan et du Nivernais.
85 Plateau ou forêt d'Orléans.
86 Plaine de la Beauce.
87 Monts du Perche.
88 Collines de Lieuvin.
89 Cours d'eau : la Seine, fleuve.
90 L'Oise, rivière, affluent.
91 L'Aisne, rivière, sous-affl.
92 La Marne, rivière, affl.
93 L'Aube, rivière, affluent.
94 L'Yonne, rivière, affluent.
95 L'Armençon, rivière, sous-affl.
96 L'Eure, rivière, affluent.
97 l'Iton, rivière, sous-affl.

BASSIN DE L'ORNE.

98 Ceinture : Coll. de Normandie.
99 Collines du Cotentin.
100 Cours d'eau : l'Orne, rivière.
101 La Vire, rivière.

BASSIN DE LA RANCE.

102 Ceint. : Collines de Bretagne et Monts d'Arrée.

103 Cours d'eau : le Couesnon, riv.
104 La Rance, rivière.

VERSANT DE L'ATLANTIQUE.

BASSIN DE LA VILAINE.

105 Ceint. : Montagnes Noires.
106 Cours d'eau : l'Aulne, rivière.
107 Le Blavet, rivière.
108 La Vilaine, rivière.
109 L'Ille, rivière, affluent.

BASSIN DE LA LOIRE.

110 Ceint. : les collines du Maine et les hauteurs dont le nom est sur la carte.
111 Cours d'eau : la Loire, fleuve.
112 L'Erdre, rivière, affluent.
113 La Mayenne, rivière, sous-affl.
114 La Sarthe, rivière, sous-affl.
115 Le Loir, rivière, sous-affl.
116 Le Maine, rivière, affl.
117 La Nièvre, rivière, affluent.
118 L'Allier, rivière, affluent.
119 Le Loiret, rivière, affluent.
120 Le Cher, rivière, affluent.
121 L'Indre, rivière, affluent.
122 La Vienne, rivière, affluent.
123 La Creuse, rivière, sous-affl.
124 La Sèvre-Nantaise. riv., affl.

BASSIN DE LA CHARENTE.

125 Ceinture : Collines du Périgord et de la Saintonge.
126 Cours d'eau : la Charente, riv.
127 La Sèvre-Niortaise, rivière.
128 La Vendée, rivière, affluent.

BASSIN DE LA GARONNE.

129 Ceinture : Monts de Bigorre, et de l'Armagnac.
130 Collines du Bordelais.
131 Corbières occidentales.
132 Cours d'eau : la Gironde.
133 La Garonne, fleuve.
134 La Dordogne, rivière, affl.
135 L'Isle, rivière, sous-affluent.
136 La Vezère, rivière, sous-affl.

137 La Corrèze, rivière, sous-affl.
138 Le Lot, rivière, affluent.
139 Le Tarn, rivière, affluent.
140 L'Aveyron, rivière, sous-affl.
141 L'Ariège, rivière, affluent.
142 Le Gers, rivière, affluent.

BASSIN DE L'ADOUR.

Ceinture : Voir la carte.
143 Cours d'eau : l'Adour, rivière.
144 Le Gave de Pau, rivière, affl.

VERSANT DE LA MÉDITERRANÉE.

BASSIN DE L'HÉRAULT.

145 Ceinture : Corbières orientales. (Voir la Carte.)
146 Cours d'eau : l'Aude, rivière.
147 L'Hérault, rivière.

BASSIN DU RHÔNE.

Ceinture : Voir la carte.
148 Cours d'eau : le Rhône, fleuve.
149 Le Gard, rivière, affluent.
150 L'Ardèche, rivière, affluent.
151 La Saône, rivière, affluent.
152 L'Ouche, rivière, sous-affl.
153 Le Doubs, rivière, sous-affl.
154 L'Ain, rivière, affluent.
155 L'Isère, rivière, affluent.
156 La Drôme, rivière, affluent.
157 La Durance, rivière, affluent.

BASSIN DU VAR.

158 Ceinture : Alpes de Provence.
159 Montagnes des Maures.
160 Cours d'eau : le Var, rivière.

LACS, ÉTANGS.

161 Lac du Grand-Lieu.
162 Étang de Carcan.
163 Étang de la Canau.
164 Étang de Sanguinet.
165 Étang de Leucate.
166 Étang de Sigean.
167 Étang de Thau.
168 Étang de Valcarès.
169 Étang de Berre.

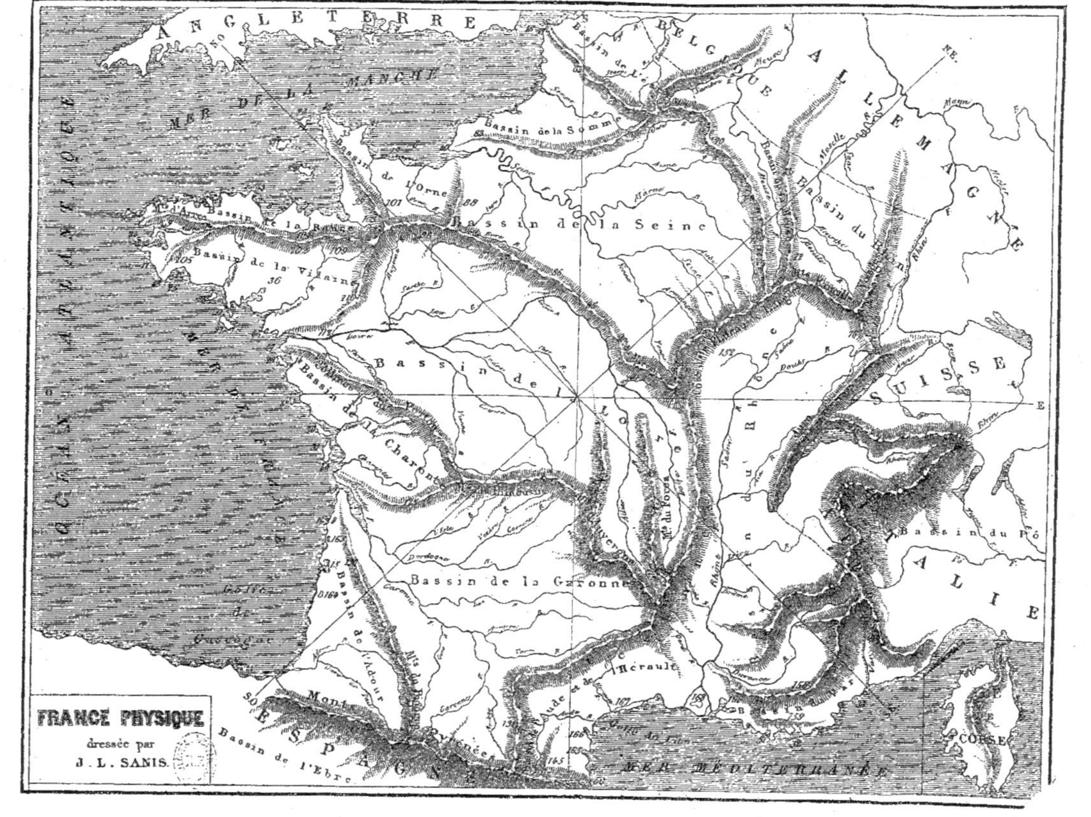
ANGLETERRE
BELGIQUE
ALLEMAGNE
SUISSE
ITALIE
ESPAGNE
CORSE
OCÉAN ATLANTIQUE
MER DE LA MANCHE
MER DU NORD
MER MÉDITERRANÉE
Bassin de la Somme
Bassin de l'Orne
Bassin de la Rance
Bassin de la Vilaine
Bassin de la Seine
Bassin du Rhin
Bassin de la Loire
Bassin du Rhône
Bassin de la Charente
Bassin de la Garonne
Bassin de l'Adour
Bassin de l'Ebre
Bassin du Pô
Golfe de Gascogne
Hérault
Monts Pyrénées
Seine
Marne
Moselle
Meuse
Dordogne
Garonne
FRANCE PHYSIQUE
dressée par
J. L. SANIS.

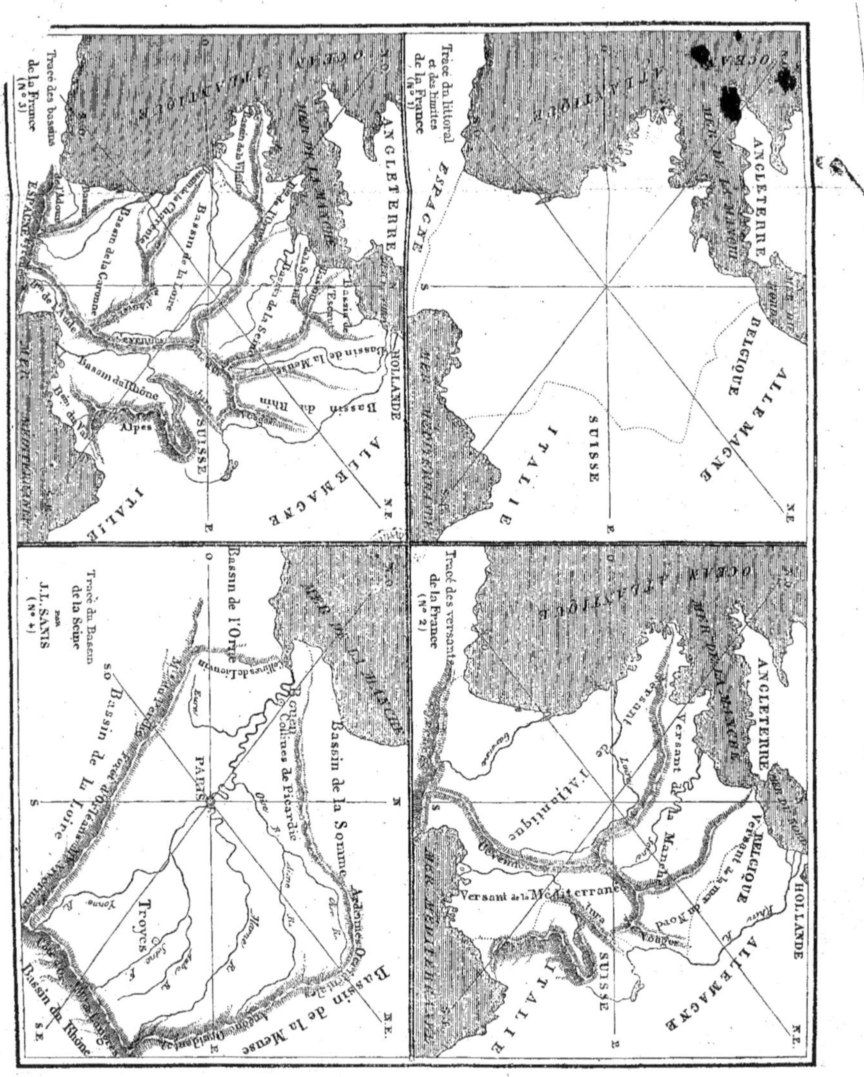

PARIS. TYPOGRAPHIE HENRI PLON, RUE GARANCIÈRE. 8.

COURS NORMAL

DE

GÉOGRAPHIE

LIVRE-ATLAS

RENFERMANT

UN TRAITÉ DE GÉOGRAPHIE GÉNÉRALE, UNE DESCRIPTION DE LA FRANCE ET DE SES COLONIES,

UN ATLAS DE ONZE CARTES COLORIÉES AVEC LÉGENDES EN REGARD

1° QUATRE TRACÉS DE LA FRANCE;
2° UNE MAPPEMONDE;
3° UNE EUROPE PHYSIQUE;
4° UNE EUROPE POLITIQUE;
5° UNE ASIE PHYSIQUE ET POLITIQUE;
6° UNE AFRIQUE PHYSIQUE ET POLITIQUE;

7° UNE AMÉRIQUE PHYSIQUE ET POLITIQUE;
8° UNE OCÉANIE PHYSIQUE ET POLITIQUE;
9° UNE FRANCE PHYSIQUE;
10° UNE FRANCE POLITIQUE;
11° UNE FRANCE INDUSTRIELLE.

A l'usage de l'enseignement primaire et professionnel.

PAR J. L. SANIS,

Ingénieur géographe, lauréat de l'Exposition universelle de 1855, Professeur spécial de géographie au collège Rollin, à Sainte-Barbe,
au collège Sainte-Geneviève, dirigé par les RR. PP. de la Compagnie de Jésus, et dans les principales écoles préparatoires de Paris,
auteur de plusieurs ouvrages adoptés pour les écoles du Gouvernement.

PARIS

LAROUSSE ET BOYER, LIBRAIRES-ÉDITEURS,

RUE SAINT-ANDRÉ DES ARTS, 49.

1857.

TYPOGRAPHIE HENRI PLON, RUE GARANCIÈRE, 8, A PARIS.

AVERTISSEMENT DE L'AUTEUR.

Les succès que nous avons obtenus et ceux que nous obtenons journellement nous ont décidé à faire paraître un petit traité de géographie générale, que nous adressons aux maîtres et aux maîtresses chargés de démontrer les éléments de la géographie.

Nous avons modifié notre méthode pour en rendre l'application facile. Après l'avoir dépouillée de tout ce qui se rattache à la spécialité, nous en avons pris la substance. En l'examinant, on remarquera que le fond tend à vaincre la mobilité de l'enfance par la mise en action de toutes ses facultés.

On exercera la mémoire des élèves en leur faisant apprendre par cœur notre petit traité. On exercera leurs yeux et leurs mains en leur faisant dessiner sur l'ardoise ou sur le papier des tracés géographiques, relatifs à chaque paragraphe ou à chaque leçon. On exercera leur intelligence en les formant à la géographie mentale à l'aide d'une orientation pratique.

Les quatre tracés sur la France que nous avons mis à la tête de notre petit Atlas serviront de type. Les maîtres auront soin de les multiplier, et de ne réserver pour les interrogations que la moitié du temps consacré à chaque leçon.

Les légendes ont des numéros correspondant à ceux que renferment les cartes. Ce système a de grands avantages. D'abord les cartes conservent une clarté remarquable, parce qu'elles ne sont pas surchargées de noms ; d'un autre côté, les élèves sont obligés de chercher sur les légendes les noms dont les numéros tiennent la place, et ils sont guidés depuis la première jusqu'à la dernière question. Ajoutons que les maîtres pourront se servir de ces légendes pour faire leurs interrogations, de manière que, sans préparation et sans connaissances spéciales, ils pourront diriger les leçons et s'assurer des progrès de leurs élèves.

Notre cadre ne nous permet pas de donner ici de plus longues explications ; mais la marche qu'indique notre ouvrage est tellement simple, que toutes les personnes qui l'examineront la comprendront aussi bien que nous-même.

Heureux si notre méthode contribue à vulgariser la géographie dans les écoles primaires, et si elle y obtient la faveur qu'elle a conquise dans les écoles secondaires.

—

EXTRAITS DE JUGEMENTS PORTÉS SUR LA MÉTHODE DE M. SANIS.

L'enseignement de la Géographie dirigé par M. Sanis mérite d'être cité comme *modèle*, etc.   VIGUIER, *inspecteur général*.

Je considère comme utiles à la science géographique l'application et le développement du système de M. Sanis, etc. DE SALVANDY, *ministre de l'instruction publique*.

J'ai la conviction que le système de M. Sanis peut rendre de grands services à la science géographique.   P. MAGNE, *député*, (actuellement *ministre des finances*).

M. Sanis a un talent remarquable pour populariser la science, etc.   F. TISSOT, *de l'Académie française*.

La découverte de M. Sanis est la personnification de la géographie ; elle honore notre pays, etc.   Vicomte de CHATEAUBRIAND.

Les résultats que M. Sanis a obtenus au lycée Louis-le-Grand ont dépassé tout ce qu'on pouvait espérer, etc. RIKN, *proviseur*, (depuis *recteur* à Strasbourg).

Le système de M. Sanis a été le rêve de toute ma vie, etc.   Comte DE LASCASES.

L'ouvrage que M. Sanis a exécuté pour le lycée Louis-le-Grand suffirait à lui seul pour le classer au rang des premiers géographes des temps modernes, etc.   FRANÇOIS, *inspecteur* (actuellement *recteur* à Douai).

Les leçons de géographie données avec autant de méthode que de clarté ont produit les résultats les plus satisfaisants, et je n'ai qu'à m'applaudir d'avoir attaché M. Sanis à notre établissement, etc. DEFAUCONPRET, *directeur du collège Rollin*.

Je ne connais pas de méthode pour l'enseignement de la géographie qui soit *comparable* à celle de M. Sanis. LORIOL, *dir. de l'école préparatoire à la marine*.

L'enseignement géographique de M. Sanis a obtenu les meilleurs résultats à Sainte-Barbe. Il n'a pas moins réussi auprès de nos petits écoliers de Sainte-Barbe des Champs que dans les classes de Sainte-Barbe de Paris. LABROUSTE, *dir. du coll. de Sainte-Barbe*.

M. Sanis a obtenu des médailles d'honneur de l'Académie de Paris et des corps savants libres ; une médaille de bronze de l'Exposition nationale de 1849 ; une médaille de 1re classe à l'Exposition universelle de 1855 ; des mentions honorables des Conseils généraux de plusieurs départements, etc.

Tous les exemplaires sont signés par l'auteur.   J. L. Sanis

PARIS. TYP. H. PLON, 8, RUE GARANCIÈRE.

CHAPITRE PREMIER.

INTRODUCTION.

§ 1. Géographie physique ou naturelle.

La géographie physique décrit la terre telle qu'elle est sortie des mains du Créateur.

De la terre.

La terre est l'une des onze planètes qui tournent autour du soleil. C'est un corps rond comme un globe ou une boule dont la circonférence est de 40 millions de mètres.

Manière de la représenter.

On représente la terre au moyen d'un *globe* ou de *cartes*.

Globe. — Le *globe* est une sphère sur laquelle on a dessiné les diverses parties de la terre.

Cartes. — Les *cartes* sont la représentation de la terre sur des feuilles de papier. Une collection de cartes prend le nom d'*atlas*.

Mappemonde. — La terre, divisée en deux parties égales dessinées à côté l'une de l'autre sur une même feuille de papier, s'appelle *mappemonde*. Chaque moitié de la mappemonde est un *hémisphère* (voir planche II).

§ 2. Points cardinaux.

Quand, à midi, on tourne le dos au soleil, on a :

1° Devant soi, le point du ciel qu'on appelle *nord* ou *septentrion;*

2° A droite, le côté du ciel où le soleil se lève; c'est le *levant*, l'*est* ou l'*orient;*

3° A gauche, le côté du ciel où le soleil se couche; c'est l'*ouest*, le *couchant* ou l'*occident;*

4° Derrière soi, le *sud* ou *midi.*

Points collatéraux.

Au milieu, se trouvent :

Entre le nord et l'est, le *nord-est;*

Entre le sud et l'est, le *sud-est;*

Entre le nord et l'ouest, le *nord-ouest;*

Entre le sud et l'ouest, le *sud-ouest.*

On abrége en écrivant : N., E., S., O.; N.-E., N.-O., S.-E., S.-O.

Sur les cartes, le nord est en haut, l'est à droite, l'ouest à gauche et le midi au bas (voir la planche II).

§ 3. Pôles.

Les deux extrémités de la ligne imaginaire sur laquelle la terre semble tourner dans l'espace de 24 heures, se nomment pôles ; celle du nord s'appelle *pôle nord*, et celle du sud *pôle sud.*

§ 4. Grands cercles.

Les lignes qui coupent la terre en deux parties égales sont de grands cercles ; de ce nombre sont l'*équateur* et les *méridiens.*

L'*équateur* coupe la terre de l'est à l'ouest en deux hémisphères; celui qui est du côté du nord, s'appelle *hémisphère nord*, et l'autre, *hémisphère sud.*

Les *méridiens* sont des lignes qui parcourent la mappemonde de haut en bas, d'un pôle à l'autre.

§ 5. Petits cercles.

Les *petits cercles* sont des parallèles à l'équateur, qui divisent la terre en parties inégales; de ce nombre sont les deux *tropiques* et les deux *cercles polaires.*

Tous les grands et petits cercles se divisent en 360 parties qu'on appelle *degrés*, et chaque degré en 60 *minutes.*

§ 6. Tropiques.

Les deux tropiques sont des parallèles éloignés de 23 degrés 30 minutes de l'équateur. Celui qui est au nord, se nomme *tropique du Cancer*, et celui qui est au sud, *tropique du Capricorne.*

§ 7. Cercles polaires.

Les deux cercles polaires sont éloignés des pôles de 23 degrés 30 minutes. Celui qui est dans l'hémisphère nord, s'appelle cercle *polaire arctique;* celui qui est dans l'hémisphère sud, se nomme cercle *polaire antarctique.*

§ 8. Latitude.

La *latitude* est la distance d'un lieu quelconque de la terre à l'équateur. La latitude nord se trouve dans l'hémisphère nord, et la latitude sud dans l'hémisphère méridional. Il y a 90 degrés de latitude nord et 90 degrés de latitude sud.

§ 9. Longitude.

La *longitude* est la distance du méridien d'un lieu au méridien principal ou convenu. La longitude *est* ou *orientale* se trouve à l'est du méridien principal, et la longitude *ouest* se trouve à l'ouest. Il y a 180 degrés de longitude *est*, et 180 degrés de longitude *ouest.*

On compte la latitude sur les méridiens et la longitude sur l'équateur et ses parallèles.

§ 10. Zones.

On divise le globe terrestre en cinq zones, savoir :

1° La zone *glaciale arctique*, qui occupe la partie de la terre comprise dans le cercle polaire arctique;

2° La zone *tempérée septentrionale*, qui est comprise entre le tropique du Cancer et le cercle polaire arctique;

3° La zone *torride*, qui se trouve entre les deux tropiques;

4° La zone *tempérée méridionale*, qui s'étend entre le tropique du Capricorne et le cercle polaire antarctique;

5° La zone *glaciale antarctique*, qui occupe la partie comprise dans le cercle polaire antarctique.

Nota. Un froid excessif règne dans les zones glaciales; le climat est doux dans les zones tempérées, et brûlant dans la zone torride.

§ 11. Atmosphère.

On appelle *atmosphère* la masse d'air qui enveloppe la terre, et dans laquelle nous vivons (voir planche II).

§ 12. De l'eau et de la terre.

Les trois quarts de la surface du globe sont occupés par une grande masse d'eau salée; c'est l'*Océan* ou la *mer.* — L'autre quart comprend les *terres* qui forment plusieurs parties entièrement séparées les unes des autres.

Côtes. — Les points où la terre et la mer se touchent, sont les *côtes.*

Golfes. — Quand la mer s'enfonce dans les terres, elle y forme des *golfes.*

Baies. — Les petits golfes prennent le nom de *baies.*

Méditerranée. — Une *méditerranée* est une mer enfoncée dans les terres.

Détroit. — Un *détroit* est une portion de mer resserrée entre deux terres.

Continents. — Les *continents* sont des masses de terre d'une grande étendue.

Iles. — Les *iles* sont des petites terres. Un assemblage d'îles forme un *archipel.*

Cap. — Un *cap* ou *promontoire* est une pointe de terre élevée qui s'avance dans la mer.

Presqu'île. — Une *presqu'île* est une terre

entourée d'eau de tous côtés, excepté par un seul endroit.

Isthme. — Un *isthme* est une langue de terre qui joint une presqu'île au continent.

Montagne. — Une *montagne* est une grande élévation de terre.

Chaîne de montagnes. — Une *chaîne de montagnes* est une suite de montagnes qui se touchent par la base et se prolongent à une grande distance.

Colline. — Une *colline* est une élévation de terre plus petite qu'une montagne.

Plaine. — Une *plaine* est un grand espace de terre unie et sans pentes sensibles.

Plateau. — Un *plateau* est un espace de terre élevée et entourée de montagnes, ou le sommet d'une colline qui présente un petit espace de terre unie.

Vallée. — Une *vallée* est un enfoncement prolongé entre des montagnes ou des collines.

Vallon. — Un *vallon* est une petite vallée.

Landes. — Les plaines arides, sablonneuses ou marécageuses s'appellent *landes* en France, *steppes* en Russie, *parameras* en Espagne, *savanes* en Amérique, etc.

Déserts. — Les *déserts* sont de vastes mers de sable sans arbres, sans ruisseaux, sans montagnes.

Oasis. — Des espèces d'îles pourvues de ruisseaux au milieu des déserts, s'appellent *oasis.*

§ 13. — Fleuve.

Un *fleuve* est un grand cours d'eau qui conserve son nom depuis sa source jusqu'à l'endroit où il se perd dans la mer.

Rivière. — Une *rivière* est un cours d'eau moins important qui se rend directement dans la mer, dans un fleuve ou dans une autre rivière.

Ruisseau. — Un *ruisseau* est un petit cours d'eau qui se perd dans un fleuve ou dans une rivière.

Source. — Une *source* est l'endroit où un cours d'eau sort de terre pour couler à la surface.

Rive droite, rive gauche. — La *rive droite* d'un fleuve ou d'une rivière est le côté droit de la personne qui descend le courant. Le côté opposé s'appelle *rive gauche.*

Confluent. — La réunion de deux cours d'eau se nomme *confluent.*

Lac. — Un *lac* est un grand amas d'eau dormante.

Versant. — Toutes les terres qui ont leurs pentes tournées du côté d'une mer forment le *versant* de cette mer et en prennent le nom.

Bassin. — Toutes les terres qui envoient leurs eaux dans un fleuve forment le *bassin* de ce fleuve.

Ceinture. — On appelle *ceinture, dorsale* ou *ligne des eaux,* l'arête qui établit le point de départ des eaux de deux versants ou de deux bassins opposés.

Volcan. — Un *volcan* est une montagne qui vomit des matières embrasées par une ouverture qu'on nomme *cratère.*

§ 14. Des continents, des cinq parties de la terre, et de l'Océan.

Dans l'hémisphère oriental, une grande terre s'étend du sud-ouest au nord-est; c'est l'*ancien continent.* Il comprend : l'*Asie* à l'est-nord-est, l'*Europe* à l'ouest-nord-ouest, et l'*Afrique* au sud-ouest.

Dans l'hémisphère occidental, un grand continent s'étend du nord-est au sud-est; c'est le *nouveau monde* ou l'*Amérique.*

Au sud-est de l'ancien continent se trouve la plus grande île du globe, qu'entourent une quantité d'îles plus petites; cette cinquième partie de la terre se nomme l'*Océanie.*

Les continents divisent l'Océan en cinq parties :

1° L'Océan *Glacial arctique,* qui occupe la partie comprise dans le cercle polaire arctique;

2° L'Océan *Glacial antarctique,* qui s'étend dans la région du pôle sud;

3° L'Océan *Atlantique,* qui baigne l'ouest de l'ancien et l'est du nouveau continent;

4° L'Océan *Indien,* qui s'étend au sud de l'Asie, à l'est de l'Afrique, et à l'ouest de l'Océanie;

5° Le *grand Océan,* qui baigne l'est de l'ancien et l'ouest du nouveau continent.

§ 15. Grandes îles.

Dans l'Océan Atlantique on trouve : la *Grande-Bretagne* et l'*Irlande* à l'ouest de l'Europe; le *Groënland* au nord-est de l'Amérique; *Cuba* et *Haïti* entre les deux Amériques.

Dans l'Océan Indien nous remarquons *Madagascar* à l'est de l'Afrique.

Le grand Océan renferme : l'*Australie* ou *Nouvelle-Hollande, Bornéo, Célèbes* et la *Nouvelle-Guinée* au sud-est de l'Asie, et *Niphon* à l'est.

§ 16. Grandes presqu'îles.

Les grandes presqu'îles sont : la *Scandinavie* (Suède et Norvége) au nord-ouest de l'Europe; l'*Espagne* et le *Portugal* au sud-ouest; l'*Italie* au sud; la presqu'île de l'*Anatolie* et celle de l'*Arabie* à l'ouest de l'Asie; l'*Hindoustan* et l'*Indo-Chine* au sud; le *Kamtschatka* à l'est; la presqu'île de *Labrador* au nord-est de l'Amérique.

§ 17. Isthmes.

L'isthme de *Suez* joint l'Afrique à l'Asie. L'isthme de *Panama* joint les deux Amériques.

§ 18. Grands caps.

Le cap *Nord,* au nord de la Norvége; le cap *Saint-Vincent,* au sud du Portugal; le cap *Matapan,* au sud de l'Europe.

Le cap *Sévéro-Vostotchnii,* au nord de l'Asie; le cap *Oriental,* au nord-est; le cap *Romania,* au sud-est; le cap *Comorin,* au sud de l'Hindoustan.

Le cap *Bon,* au nord de l'Afrique; le cap *Vert,* à l'ouest; le cap de *Bonne-Espérance,* au sud, et le cap *Guardafui,* à l'est.

Le cap *Farewel,* au sud du Groënland; le cap *Saint-Roch,* à l'est de l'Amérique méridionale; le cap *Horn,* au sud.

§ 19. Mers principales.

La mer *Méditerranée,* entre l'Europe et l'Afrique.

La mer des *Antilles,* entre les deux Amériques.

La mer de la *Chine,* à l'est de l'Asie.

La mer d'*Okhotsk,* au nord de la mer de la Chine.

§ 20. Golfes.

L'Océan Atlantique forme : le golfe de *Gascogne,* à l'ouest de l'Europe; le golfe de *Guinée,* à l'ouest de l'Afrique.

L'Océan Indien forme : le golfe *Arabique,* entre l'Asie et l'Afrique; le golfe *Persique,* à l'est de la presqu'île Arabique; le golfe de *Bengale,* à l'est de l'Hindoustan.

Le golfe de *Carpentarie,* au nord de l'Australie.

La baie d'*Hudson,* au nord de l'Amérique septentrionale.

Le golfe du *Mexique* est formé par la mer des Antilles.

§ 21. Détroits principaux.

Le détroit de *Gibraltar*, entre la mer Méditerranée et l'Océan Atlantique.

Le détroit de *Bab-el-Mandeb*, entre la mer Rouge et la mer des Indes.

Le détroit d'*Ormus*, entre le golfe Persique et la mer d'Oman.

Le détroit de *Behring*, entre les deux continents.

Le détroit de *Magellan*, entre la Terre de Feu et l'Amérique méridionale.

§ 22. Grandes chaînes de montagnes.

La chaîne des *Alpes*, en Europe.

La chaîne de l'*Atlas*, au nord de l'Afrique.

Les monts *Himalaya*, en Asie.

La *Cordillère*, dans l'Amérique méridionale.

Les monts *Rocheux*, dans l'Amérique septentrionale.

§ 23. Grands fleuves du monde.

Le *Volga* et le *Danube*, en Europe.

L'*Obi*, le fleuve *Jaune*, le *Gange* et l'*Euphrate*, dans l'Asie.

Le *Nil*, en Afrique.

Le *Mississipi*, et l'*Amazone*, en Amérique.

§ 24. Géographie politique.

La géographie politique décrit tout ce que l'homme a fait sur la terre.

L'homme s'élève au-dessus de tous les êtres ; on le trouve sur tous les points du globe.

Le nombre total des hommes est de 800 millions.

On peut diviser l'espèce humaine en trois races principales, savoir :

1° La *race blanche*, qui peuple l'Europe, l'Asie occidentale et l'Afrique septentrionale ;

2° La *race jaune*, qui habite la partie orientale de l'Asie ;

3° La *race nègre*, qui est répandue en Afrique et dans l'Océanie.

Nota. La population de l'Amérique se compose principalement des nombreuses colonies européennes.

§ 25. Religions.

Les principales religions sont : le *catho-*
licisme, le *protestantisme*, la *religion grecque*, le *mahométisme*, le *judaïsme* et le *paganisme*.

§ 26. Différents états de l'homme.

L'homme est *nomade* lorsqu'il n'a pas de demeure fixe, et alors il est chasseur ou pasteur.

L'homme est *sédentaire* lorsqu'il réside toujours au même endroit, et alors il est agriculteur et industriel.

L'homme est *sauvage* lorsqu'il vit dans les bois, sans instruction, sans lois et presque sans religion.

L'homme est *barbare* lorsqu'il est grossier et ignorant.

L'homme est *civilisé* lorsqu'il cultive les lettres, les arts et les sciences.

Tribu. — Une *tribu* est un petit nombre de familles réunies en société.

État. — Un *État* est une grande réunion d'hommes qui vivent sous un même gouvernement.

Les *États* diffèrent entre eux par la manière dont ils sont gouvernés. Ceux qui obéissent à un seul homme sont des *monarchies*. Ceux qui ont à leur tête des magistrats choisis par le peuple sont des *républiques*.

§ 27. Grandes villes du globe.

En Europe :

Londres, sur la Tamise, près de la mer du Nord, capitale de l'empire britannique ;

Paris, sur la Seine, capitale de l'empire français ;

Berlin, sur un affluent de l'Elbe, capitale du royaume de Prusse ;

Saint-Pétersbourg, sur la Néva, capitale de l'empire russe ;

Moscou, au centre de la Russie d'Europe, autre capitale de l'empire russe ;

Vienne, sur le Danube, capitale de l'empire d'Autriche ;

Constantinople, sur un détroit qui joint la mer Noire à la mer de Marmara, capitale de l'empire turc ;

Rome, sur le Tibre, capitale des États de l'Église ;

Madrid, sur un affluent du Tage, capitale du royaume d'Espagne.

En Asie :

Pékin, près d'un golfe, capitale de l'empire chinois ;
Yedo, sur la côte orientale de l'île Niphon, capitale de l'empire du Japon ;

Calcutta, sur le Gange, capitale de l'Inde anglaise.

En Afrique :

Le *Caire*, sur le Nil, capitale de l'Égypte.

En Amérique :

New-York, sur l'Océan Atlantique, la plus grande ville des États-Unis du Nord ;

Mexico, au milieu d'un plateau, capitale du Mexique ;

Rio-Janeiro, sur l'Océan Atlantique, capitale de l'empire du Brésil.

CHAPITRE II.

EUROPE PHYSIQUE.

§ 28. Situation, étendue.

L'Europe s'étend à l'ouest de l'Asie et au nord de l'Afrique. Ses limites sont : au nord, l'Océan Glacial arctique ; à l'est, l'Asie ; au sud, la mer Méditerranée ; à l'ouest, l'Océan Atlantique. Sa surface est de 977,804 myriamètres carrés.

§ 29. Mers.

Les mers qui baignent l'Europe sont :

1° L'*Océan Glacial* arctique au nord.

2° La *mer Blanche*, formée par l'Océan Glacial arctique.

3° L'*Océan Atlantique*, qui forme :

4° La *mer Baltique*, à l'est et au sud de la Scandinavie ;

5° La *mer du Nord*, à l'est de la Grande-Bretagne ;

6° La *mer de la Manche*, qui communique à la mer du Nord par le détroit du Pas-de-Calais ;

7° La *mer d'Irlande*, à l'est de l'île de ce nom.

8° La *mer Méditerranée*, qui forme :

9° La *mer Adriatique*, à l'est de l'Italie ;

10° La *mer Ionienne*, au sud de l'Adriatique ;

11° La *mer de l'Archipel*, à l'est de la Morée ;

12° La *mer de Marmara*, à l'est de l'Archipel ;

13° La *mer Noire*, qui communique à la mer de Marmara par le détroit de Constantinople ;

14° La *mer d'Azow*, à l'est de la Crimée ;

15° La *mer Caspienne*, qui ne communique avec aucune autre mer.

§ 30. Golfes.

Les mers de l'Europe qui forment des golfes sont :

La mer Baltique, qui creuse :

1° Le golfe de *Bothnie*, au nord ;
2° Le golfe de *Finlande*, à l'est ;
3° Le golfe de *Livonie*, au sud de celui de Finlande.

La mer du Nord, qui creuse :

4° Le golfe de *Zuiderzée*, au sud.

L'Océan Atlantique, qui creuse :

5° Le golfe de *Gascogne*, au nord de la presqu'île Hispanique.

La Méditerranée, qui creuse :

6° Le golfe du *Lion*, au nord ;
7° Le golfe de *Gênes*, à l'est du golfe du Lion.

La mer Adriatique, qui creuse :

8° Le golfe de *Venise*, au nord-ouest.

La mer Ionienne, qui creuse :

9° Le golfe de *Tarente*, au sud-est de l'Italie ;
10° Le golfe de *Lépante*, au nord de la Morée.

La mer de l'Archipel, qui creuse :

11° Le golfe de *Salonique*, au nord.

La mer Noire, qui creuse :

12° Le golfe de *Pérékop*, au nord-est.

§ 31. Détroits.

Les principaux détroits sont :

1° Le détroit du *Sund*, qui joint la mer Baltique à la mer du Nord ;
2° Le détroit du *Pas-de-Calais*, qui joint la mer du Nord à la mer de la Manche ;
3° Le détroit de *Gibraltar*, qui fait communiquer la mer Méditerranée à l'Océan Atlantique ;
4° Le détroit de *Bonifacio*, qui sépare l'île de Corse de l'île de Sardaigne ;
5° Le détroit de *Messine*, qui sépare la Sicile de l'Italie ;
6° Le canal d'*Otrante*, qui fait communiquer la mer Adriatique à la mer Ionienne ;
7° Le canal de *Constantinople*, qui joint la mer Noire à la mer de Marmara ;
8° Le détroit d'*Iénikalé*, qui fait communiquer la mer d'Azow à la mer Noire.

§ 32. Iles.

Les principales îles sont :

1° Les îles *Loffoden*, dans l'Océan Glacial ;
2° Les îles *Séeland*, *Fionie*, *Rugen* et *Aland*, dans la mer Baltique ;
3° L'*Islande*, les îles *Fœroé*, les *Shetland*, les *Orcades*, les *Hébrides*, la *Grande-Bretagne* et l'*Irlande*, dans l'Océan Atlantique ;
4° Les îles *Minorque* et *Majorque*, la *Sardaigne*, l'île d'*Elbe*, les îles de *Lipari*, la *Sicile*, l'île de *Malte* et *Candie*, dans la Méditerranée ;
5° L'archipel des îles *Ioniennes*, dont la principale est *Corfou*, dans la mer Ionienne ;
6° Les *Cyclades* et *Négrepont*, dans la mer de l'Archipel.

§ 33. Presqu'îles.

1° La presqu'île *Scandinave*, au nord et à l'ouest de la mer Baltique ;
2° Le *Juthland*, à l'est de la mer du Nord ;
3° La presqu'île *Ibérique* ou *Hispanique*, entre l'Océan Atlantique et la mer Méditerranée ;
4° L'*Italie*, entre les mers Adriatique, Ionienne et Méditerranée ;
5° La *Morée*, à l'ouest de la mer de l'Archipel ;
6° La presqu'île de *Crimée*, entre la mer Noire et la mer d'Azow.

§ 34. Caps.

Les principaux caps sont :

1° Le cap *Nord*, au nord de la Norvége ;
2° Le cap *Lindesness*, au sud et à l'entrée de la Baltique ;
3° Le cap *Clear*, au sud de l'Irlande ;
4° Le cap *Land's-End*, au sud-ouest de la Grande-Bretagne ;
5° Les caps *Ortégal*, *Finisterre* et *Saint-Vincent*, au nord-ouest et à l'ouest de la presqu'île Hispanique ;
6° Le cap *Creux*, au sud du golfe du Lion ;
7° Le cap *Corse*, au nord de l'île de Corse ;
8° Le cap *Teulada*, au sud de la Sardaigne ;
9° Le cap *Passaro*, au sud de la Sicile ;
10° Le cap *Spartivento*, au sud de l'Italie ;
11° Le cap *Matapan*, au sud de la Morée.

§ 35 Chaînes de Montagnes.

Les principales chaînes de montagnes sont :

1° Les *Alpes scandinaves*, en Norvége ;
2° Les monts *Ourals*, entre l'Europe et l'Asie ;
3° Le mont *Caucase*, entre la mer Noire et la Caspienne ;
4° Les *Carpathes*, au centre de l'Europe ;
5° La chaîne des *Balkans*, au nord de la mer de Marmara ;
6° La chaîne *Hellénique*, entre l'Adriatique et l'Archipel ;
7° La chaîne des *Alpes*, au nord des golfes de Gênes et de Venise ;
8° L'*Apennin*, qui parcourt l'Italie dans toute sa longueur ;
9° Le *Jura*, entre le Rhône et le Rhin ;
10° Les *Vosges*, au nord du Jura ;
11° Les *Cévennes*, au nord du golfe du Lion ;
12° Les *Pyrénées*, au nord de la presqu'île Hispanique ;
13° Les monts *Ibériens*, au sud des Pyrénées ;
14° La sierra *Névada*, au sud des monts Ibériens ;
15° Les monts *Cheviots* et *Grampians*, dans la Grande-Bretagne.

§ 36. Volcans.

Les principaux volcans sont :

1° Le mont *Hekla*, en Islande ;
2° Le mont *Vésuve*, en Italie ;
3° Le mont *Etna*, en Sicile.

§ 37. Lacs.

Les principaux lacs sont :

1° Les lacs *Saïma*, *Ladoga*, *Onéga* et *Peipus*, entre la mer Blanche et la mer Baltique ;
2° Les lacs *Wener*, *Vetter* et *Mœlar*, dans la Scandinavie ;
3° Le lac *Balaton*, entre les Alpes et les Carpathes.

§ 38. Fleuves du versant océanien

Les principaux fleuves du versant océanien sont :

1° Le *Guadalquivir*, la *Guadiana*, le *Tage* et le *Douro*, qui naissent dans les monts Ibériens pour couler à l'ouest jusqu'à l'Océan Atlantique ;
2° La *Garonne*, qui sort des Pyrénées, et la *Loire*, qui commence dans les Cévennes pour se jeter dans l'Océan Atlantique ;

3° La *Seine*, qui naît dans la Côte-d'Or pour finir dans la Manche ;

4° La *Meuse*, le *Rhin*, le *Wéser* et l'*Elbe*, qui vont dans la mer du Nord ;

5° L'*Oder*, la *Vistule*, le *Niémen*, la *Dwna du Sud*, la *Néva*, la *Tornéa* et le *Glommen*, qui se rendent dans la Baltique ;

6° La *Dwna* du Nord et la *Petchora*, qui se jettent dans la mer Glaciale ;

7° La *Tamise*, qui se rend dans la mer du Nord ;

8° La *Sévern*, qui se jette dans le canal de Bristol, au sud de la mer d'Irlande ;

9° Le *Shannon*, qui se rend dans l'Atlantique en Irlande.

§ 39. Fleuves du versant méditerranéen.

Les principaux fleuves du versant méditerranéen sont :

1° La *Ségura*, le *Xuccar* et l'*Èbre*, qui sortent des monts Ibériens pour couler vers l'est jusqu'à la Méditerranée ;

2° Le *Rhône*, qui part des Alpes pour couler vers l'ouest et vers le sud ;

3° L'*Arno* et le *Tibre*, qui descendent de l'Apennin pour se jeter dans la Méditerranée ;

4° le *Pô* et l'*Adige*, qui sortent des Alpes pour se rendre dans l'Adriatique ;

5° Le *Danube* (avec ses affluents la *Drave*, la *Save*, la *Theiss* et le *Pruth*); le *Dniester* et le *Dniéper*, qui se jettent dans la mer Noire ;

6° Le *Don*, qui se jette dans la mer d'Azow ;

7° Le *Volga* (avec son affluent la *Kama*) et l'*Oural*, qui se rendent dans la Caspienne.

§ 40. Climat.

Les trois presqu'îles du midi de l'Europe ont un climat chaud.

Le centre du continent jouit d'un climat tempéré.

Le nord de l'Europe et l'Islande renferment des pays froids.

§ 41. Minéraux.

Les productions les plus utiles abondent en Europe.

On trouve dans les chaînes de l'Oural, de l'or, du *fer*, du platine et quelques diamants.

Les Carpathes possèdent des mines d'or et d'argent.

Le fer se trouve en abondance dans la presqu'île Scandinave, dans la Grande-Bretagne, dans les Cévennes et dans les Alpes.

Le plomb se trouve en Espagne et dans la Grande-Bretagne. Le cuivre et l'étain abondent aussi dans la Grande-Bretagne.

Les Carpathes et les Alpes orientales fournissent de grandes quantités de sel gemme. Le sel marin se recueille sur la plupart des côtes.

Les plus riches mines de charbon de terre sont dans la Grande-Bretagne, la Belgique, les Cévennes et la région qui est entre le Rhin et le Wéser.

§ 42. Végétaux.

Dans les régions méridionales, on cultive l'olivier, l'oranger, le citronnier, le figuier, le laurier, le grenadier, le maïs, la vigne, le riz, le tabac, le blé. Le châtaignier, le chêne et le pin peuplent les forêts.

Dans les régions moyennes, on cultive la vigne, le noyer, le pêcher, l'abricotier, le pommier, le poirier, le froment, le seigle, le maïs et le tabac. On trouve dans les forêts le chêne, le hêtre, le sapin.

Le nord de l'Europe a encore des forêts de sapins et de bouleaux; l'orge et l'avoine y mûrissent avec peine. L'extrémité nord du continent ne produit que des arbustes et des mousses.

§ 43. Animaux.

Dans presque toute l'Europe, on rencontre le cheval, le bœuf, l'âne, la brebis, la chèvre, le porc et le chien.

Le buffle habite la région des Carpathes, et le chameau celle de la mer Noire.

Le lièvre, le renard, le cerf et le sanglier habitent les forêts. Le loup et l'ours sont nombreux surtout dans les régions du nord, où l'on rencontre encore l'ours blanc, la martre, l'hermine, le canard eider qui fournit l'édredon, l'écureuil nommé petit gris, et le renne, qui se nourrit de mousse et qui remplace la vache et le cheval dans le nord de la Scandinavie.

On trouve dans les fleuves, le saumon, la truite, le brochet, la carpe, l'anguille. La Méditerranée fournit le thon, l'anchois, le corail. On pêche dans la mer Glaciale la baleine, le chien marin et une grande quantité de morues et de harengs.

————

CHAPITRE III.

EUROPE POLITIQUE.

§ 44. Aperçu général.

La population de l'Europe est d'environ 255 millions d'habitants, qu'on peut diviser en peuples *slaves* à l'E., en peuples *germaniques* au centre, et en peuples *latins* au S.-O. Les autres familles, moins considérables, sont : les *Celtes*, les *Grecs*, les *Turcs*, les *Finnois* et quelques peuplades de race *mongole*.

§ 45. Religions.

Les religions de l'Europe sont le christianisme, le judaïsme, l'islamisme et le paganisme.

Le christianisme comprend la religion catholique romaine, la religion protestante et la religion grecque.

Les peuples germaniques sont en partie catholiques et en partie protestants.

Les peuples latins sont catholiques.

Les peuples slaves et les Grecs suivent le rite grec.

§ 46. Contrées.

On divise l'Europe en seize contrées, savoir :

1° Le royaume uni de Grande-Bretagne et d'Irlande; 2° le royaume de Danemark; 3° les royaumes de Suède et de Norvége; 4° l'empire russe; 5° l'empire français; 6° le royaume de Belgique; 7° le royaume de Hollande; 8° l'empire germanique; 9° la Suisse; 10° le royaume de Prusse; 11° l'empire d'Autriche; 12° le royaume d'Espagne; 13° le royaume de Portugal; 14° l'Italie; 15° la Turquie d'Europe ; 16° le royaume de Grèce.

§ 47. Royaume uni de Grande-Bretagne.

I. Cet État comprend toutes les îles Britanniques, et se compose du royaume d'Angleterre et des royaumes d'Écosse et d'Irlande. Sa population est de 27 millions 500 mille habitants.

Cette contrée a une agriculture perfectionnée, des chevaux de race renommés, des mines abondantes de houille, de fer, de cuivre, d'étain et de plomb.

Villes remarquables : 1° *Londres*, port sur la Tamise, capitale de tout le Royaume-Uni et la plus commerçante du monde entier ; 2 millions d'habitants. 2° *Liverpool*, port marchand, sur la mer d'Irlande ; 250 mille hab. 3° *Birmingham*, où l'on trouve d'immenses fabriques d'armes, de machines à vapeur et de quincaillerie ; 200 mille hab. 4° *Manchester*, la première place du monde pour les manufactures de coton ; 250 mille hab. 5° *Bristol*, port marchand, sur le canal de Bristol ; 110 mille hab. 6° *Plymouth*, grand port militaire, sur la Manche ; 80 mille hab. 7° *Portsmouth*, autre grand port de guerre, au nord de l'île de Wight ; 80 mille hab. 8° *Douvres*, port de mer, en face du détroit du Pas-de-Calais. 9° *Édimbourg*, port de mer, capitale du royaume d'Écosse ; 140 mille hab. 10° *Glasgow*, sur la Clyde ; grandes manufactures de coton ; 250 mille hab. 11° *Dublin*, port de mer, capitale du royaume-d'Irlande ; 275 mille hab. 12° *Cork*, port de mer, au sud de l'Irlande ; 120 mille hab. 13° *Limérik*, port sur le Shannon, à l'ouest de l'île ; 80 mille hab.

§ 48. Possessions anglaises.

En Europe :

1° Les îles normandes : *Aurigny, Guernesey* et *Jersey*, dans la mer de la Manche ;

2° L'île d'*Helgoland*, vers l'embouchure de l'Elbe ;

3° *Gibraltar*, place forte, sur le détroit de ce nom ;

4° L'île de *Malte* ; — la *Valette*, chef-lieu et place forte ;

5° Le protectorat des îles Ioniennes.

En Asie :

1° L'*Inde*, grande région au sud de l'Himalaya (voir l'*Asie*) ;

2° L'île *Ceylan* ; — *Colombo*, chef-lieu ;

3° La ville d'*Aden*, à l'entrée de la mer Rouge ;

4° En Chine : *Victoria-Town*, dans l'île de Hong-Kong.

Les possessions anglaises en Asie renferment une population de 140 millions d'habitants.

En Océanie :

1° La *Nouvelle-Galles du Sud*, chef-lieu *Sydney* ;

2° L'île de *Van-Diemen*, chef-lieu *Hobart-Town* ;

3° Une partie de la *Nouvelle-Zélande*.

En Amérique :

1° Le *Canada*, dans le bassin du Saint-Lau-

rent. Villes remarquables : *Québec, Montréal*, sur le Saint-Laurent ; *Halifax*, port de mer, sur la côte orientale de la Nouvelle-Écosse ;

2° L'île de *Terre-Neuve* ;

3° Les *Bermudes* ;

4° Les îles de *Bahama* ;

5° La *Jamaïque* et plusieurs des petites *Antilles* ;

6° Une partie de la *Guyane* ;

7° Les îles *Falkland*, au sud de l'Amérique.

Les possessions anglaises en Amérique renferment 3 millions d'habitants.

En Afrique :

1° L'île *Socotora* ;

2° L'île *Maurice* ;

3° La colonie du *Cap*, au sud de l'Afrique.

4° Les îles de l'*Ascension* et de *Sainte-Hélène* ;

5° Des établissements dans la *Sénégambie* et sur la côte de *Guinée*.

§ 49. Royaume de Danemark.

II. Le royaume de Danemark comprend la presqu'île de Jutland, l'archipel Danois et l'île Bornholm dans la mer Baltique ; les îles Fœroé et l'Islande dans l'Océan Atlantique. Sa population s'élève à 2 millions 250 mille habitants.

Villes remarquables : *Copenhague*, capitale et port de mer, sur le détroit du Sund, 120 mille habitants ; *Altona* sur l'Elbe ; *Kiel*, port sur la Baltique.

Les possessions danoises sont :

En Amérique, le *Groënland* et trois des petites *Antilles* ;

En Afrique, quelques forts sur la mer de *Guinée* ;

En Indo-Chine, les îles *Nicobar*.

§ 50. Royaumes de Suède et de Norvège.

III. Ces deux royaumes, qui comprennent toute la presqu'île scandinave, sont soumis au même souverain. La Suède est à l'est et la Norvége à l'ouest. La population de ces deux États s'élève à 4 millions 500 mille habitants. Le nord est habité par des *Lapons*, qui vivent avec leurs rennes ou de chasse ou de pêche.

Les villes sont :

1° En Suède, *Stokholm*, capitale, sur le lac Mœlar ; 90 mille habitants. —*Carlscrone*, sur la Baltique, port militaire ;

2° En Norvége, *Christiania*, capitale, port

de mer, au fond du golfe de ce nom. — *Berghen*, port sur l'Atlantique.

La Suède possède les îles d'OEland et de Gothland dans la Baltique, et l'île Saint-Barthélemy dans les petites Antilles. La Norvége a les îles Loffoden.

§ 51. Empire de Russie.

L'empire russe, le plus vaste des États du monde, s'étend au nord de l'Europe, de l'Asie et de l'Amérique. Sa population s'élève à 66 millions d'habitants.

IV. *Russie d'Europe.*

La population de la Russie d'Europe s'élève à 62 millions d'habitants.

Le nord de la Russie a un climat très-froid. On n'y trouve que des rennes, des forêts et des animaux à fourrures.

La Russie centrale est riche en blé, cuirs, chanvre, lin, bestiaux et bêtes à fourrures.

Les plaines qui avoisinent la mer Noire sont incultes.

L'Oural fournit abondamment du fer, de l'or, du platine, etc.

Villes remarquables : *Saint-Pétersbourg*, capitale de tout l'empire, fondée par Pierre le Grand en 1703 ; grande et belle ville ; 500 mille hab. — *Cronstadt*, port militaire, près de Saint-Pétersbourg. — *Moscou*, au centre de la Russie, ancienne capitale, riche et commerçante ; 400 mille hab. — *Varsovie*, ancienne capitale de la Pologne, ville forte sur la Vistule ; 140 mille hab. — *Revel*, port, sur le golfe de Finlande. — *Riga*, autre port, au fond du golfe de Livonie. — *Wilna*, bâtie sur un affluent du Niémen ; 55 mille hab. — *Arkhangel*, port sur la mer Blanche. — *Perm*, située sur la Kama. — *Tver*, grande ville, sur le Volga. — *Smolensk*, sur le Dnieper, du côté de sa source. — *Kiev*, grande ville sur le Dnieper, au sud de Smolensk. — *Odessa*, port, sur la mer Noire, exporte des blés ; 80 mille hab. — *Astrakan*, port, sur la mer Caspienne, à l'embouchure du Volga.

§ 52. Empire français.

V. L'empire français s'étend entre la mer du Nord, le Rhin, les Alpes, la Méditerranée, les Pyrénées, l'Océan Atlantique et la mer de la Manche.

Sa population s'élève à 36 millions d'habitants.

Son sol, généralement fertile et bien cultivé, nourrit beaucoup de bestiaux, et produit du blé, des fruits et les vins les plus estimés de l'Europe, surtout ceux de Bordeaux, de Bourgogne et de Champagne.

Les villes les plus remarquables sont : *Paris*, bâtie sur les deux rives de la Seine, capitale de tout l'empire, l'une des plus grandes et la plus belle ville du monde; 1200 mille habitants. — *Lyon*, sur le Rhône, la seconde ville de l'empire et la première du monde pour ses belles fabriques de soieries. — *Marseille*, port de mer le plus commerçant de la Méditerranée. — *Bordeaux*, port, sur la Garonne. — *Nantes*, port, sur la Loire. — *Rouen*, port, sur la Seine, etc. (Pour plus de détails, voir l'*Appendice*.)

§ 53. Royaume de Belgique.

VI. Le royaume de Belgique s'étend dans les bassins de l'Escaut et de la Meuse.

Sa population s'élève à 4 millions 500 mille habitants.

Son sol, fertile et bien cultivé, est riche en houille et en fer.

La Belgique fabrique des soieries, des draps, des toiles et des dentelles très-recherchées.

Villes remarquables : *Bruxelles*, capitale, ville commerçante; 110 mille habitants. — *Anvers*, port, sur l'Escaut; 80 mille hab. — *Gand*, sur l'Escaut; 90 mille hab. — *Liége*, célèbre par ses fabriques d'armes, etc.; 55 mille hab.

§ 54. Royaume de Hollande.

VII. La Hollande s'étend au nord de la Belgique et occupe les bouches du Rhin et de l'Escaut.

Sa population s'élève à 3 millions 500 mille habitants.

Les gras pâturages de la Hollande nourrissent de nombreux troupeaux. L'agriculture, la navigation, la pêche au hareng, le beurre, le fromage et la fabrication des toiles, sont les principales ressources des habitants.

Villes remarquables : *Amsterdam*, l'une des plus riches de l'Europe, ancienne capitale, port, sur le Zuiderzée; 250 mille habitants. — *La Haye*, capitale; 60 mille hab. — *Luxembourg*, forteresse de l'empire germanique.

Les possessions de la Hollande sont :

1° En Asie : l'île de *Java*, dont on tire du café, du riz, de l'indigo; chef-lieu : *Batavia*, près du détroit de la Sonde; — des établissements à *Sumatra*, à *Bornéo*, à *Célèbes* et aux *Moluques*. Ces dernières fournissent la muscade et les clous de girofle.

2° En Afrique : des établissements dans la Guinée.

3° En Amérique : une partie de la Guyane et plusieurs petites Antilles, entre autres *Curaçao*.

§ 55. Empire germanique.

VIII. L'empire germanique, ci-devant Confédération germanique, s'étend vers le centre de l'Europe, dans les bassins du Rhin, du Weser, de l'Elbe, de l'Oder et du Danube.

Sa population s'élève à 37 millions d'habitants. Il comprend 38 États souverains.

I. *Une partie de l'empire d'Autriche* (voir AUTRICHE).

II. *Cinq royaumes :*

1° La *Prusse* (voy. PRUSSE).

2° *Le royaume de Hanovre*, entre la Prusse et la Hollande; 1 million 780 mille habitants. Capitale : *Hanovre*.

3° *Le royaume de Saxe*, arrosé par l'Elbe; 1 million 84 mille hab. Capitale : *Dresde*, sur l'Elbe.

4° *Le royaume de Bavière*, arrosé par le Danube; 5 millions d'hab. Capitale : *Munich*, belle ville, sur l'Isar; 115 mille hab.

5° *Le royaume de Wurtemberg*, dans le bassin du Rhin; 1 million 750 mille hab. Capitale : *Stuttgart*.

III. *Sept grands-duchés :*

1° Le *grand-duché de Bade*, à l'ouest du Wurtemberg; 1 million 350 mille habitants. Capitale : *Carlsruhe*.

2° Le *grand-duché de Luxembourg*; capitale : *Luxembourg*, place forte.

3° Le *grand-duché de Hesse*, au nord de Bade; capitale : *Darmstadt*.

4° Le *grand-duché de Saxe-Weimar*, à l'ouest du royaume de Saxe; capitale : *Weimar*.

5° Le *grand-duché d'Oldenbourg*, au nord du Hanovre;

6° et 7° Les deux *grands-duchés de Mecklembourg*, entre la Prusse et le Holstein; chevaux renommés.

IV. *Dix duchés :*

1° Le duché de *Holstein*, soumis au Danemark.

2° Le duché hollandais de *Limbourg*, sur la Meuse.

3° Le duché de *Brunswick*, au sud du Hanovre.

4°, 5° et 6° Les trois duchés d'*Anhalt*, enclavés dans la Prusse, sur les bords de l'Elbe.

7°, 8° et 9° Les trois duchés de *Saxe-Cobourg*, de *Saxe-Meiningen* et de *Saxe-Altenbourg*.

10° Le duché de *Nassau*, entre la Prusse et le grand-duché de Hesse, qui produit des vins excellents, sur le Rhin; capitale : *Wiesbaden*.

V. L'*Électorat de Hesse;* capitale : *Cassel*.

VI. Le *Landgraviat de Hesse-Hombourg*.

VII. *Onze principautés :*

1° et 2° Les deux principautés de *Lippe*.

3° La principauté de *Valdeck*.

4° et 5° Les deux principautés de *Schwartzbourg*.

6°, 7° et 8° Les trois principautés de *Reuss*.

9° et 10° Les deux principautés de *Hohenzollern*.

11° La principauté de *Lichtenstein*.

VIII. *Quatre villes libres :*

1° *Francfort*, sur le Mein, ville commerçante où siège le gouvernement de l'empire germanique.

2° *Brême*, à l'embouchure du Weser.

3° *Hambourg*, port, sur l'Elbe; 150 mille habitants.

4° *Lubeck*, port, sur la Baltique.

§ 56. Suisse.

IX. La Suisse est la contrée la plus élevée de l'Europe; elle est parcourue par les Alpes, qui donnent naissance au Rhône et au Rhin.

La population de la Suisse s'élève à 2 millions 335 mille habitants.

Elle comprend 22 cantons, qui forment chacun un État indépendant. Tous les cantons sont confédérés pour le maintien de leur indépendance.

Villes remarquables : *Berne*, 25 mille habitants. — *Bâle*, sur le Rhin, 24 mille hab. — *Genève*, sur le Rhône, 30 mille hab.

§ 57. Royaume de Prusse.

X. Le royaume de Prusse s'étend dans les

bassins de la Vistule, de l'Oder, de l'Elbe et du Rhin.

Sa population s'élève à 17 millions d'habitants.

Il y a des mines de fer, de houille, de zinc et d'argent. Presque tout le royaume de Prusse fait partie de l'empire germanique.

Villes remarquables : *Berlin*, capitale, sur un affluent de l'Elbe ; 410 mille habitants. — *Kœnigsberg*, sur la Prégel, seconde capitale ; 76 mille hab. — *Dantzig*, port, sur la Vistule ; commerce de blé. — *Cologne*, sur le Rhin, 95 mille hab. — *Aix-la-Chapelle*, sur la frontière *est* de la Belgique ; 50 mille hab.

§ 58. Empire d'Autriche.

XI. L'empire d'Autriche se compose d'États nombreux qui s'étendent dans les bassins de l'Elbe, de l'Oder, de la Vistule, du Danube et du Pô.

Sa population s'élève à 38 millions d'habitants.

Villes remarquables : *Vienne*, sur un bras du Danube, capitale de tout l'empire ; 400 mille habitants. — *Prague*, sur la Moldau, capitale de la Bohême, connue par ses verres, ses cristaux, ses draps et ses toiles. — *Bude*, sur le Danube, capitale du royaume de Hongrie, contrée riche en mines d'or, d'argent, en vins excellents, en tabac, en blé, en bestiaux. — *Milan*, 150 mille hab., capitale du royaume Lombard-Vénitien, qui a une agriculture perfectionnée et des produits considérables en riz, vins, maïs, vers à soie, etc. — *Venise*, bâtie sur 150 îles, ville belle et commerçante ; 100 mille hab.

§ 59. Royaume d'Espagne.

XII. L'Espagne occupe la plus grande partie de la presqu'île Ibérique et les îles Baléares.

Sa population s'élève à 17 millions d'habitants.

Cette contrée élève des moutons mérinos qui donnent une laine très-estimée ; elle produit du blé, de l'huile d'olives, des vins excellents, des fruits secs, du liége, du mercure et du plomb.

Villes remarquables : *Madrid*, capitale du royaume, belle ville ; 200 mille habitants. — *Barcelone*, port de mer, sur la Méditerranée, capitale de la Catalogne, 140 mille

hab. — *Carthagène*, autre port, sur la Méditerranée. — *Grenade*, au nord de la sierra Nevada. — *Séville* et *Cordoue*, sur le Guadalquivir. — *Cadix*, grand port militaire, sur l'Océan Atlantique. — *Badajoz*, sur la Guadiana. — *Burgos*, capitale de la Vieille-Castille. — *Léon*, dans le bassin du Douro. — *Saragosse*, place forte, sur l'Èbre. — *Pampelune*, capitale de la Navarre, derrière les Pyrénées.

L'Espagne possède hors de l'Europe :

1° En Afrique : *Ceuta* ; sur le détroit de Gibraltar ; les îles *Canaries*, dont la plus remarquable est *Ténériffe*.

2° En Amérique : l'île de *Cuba* ; capitale, la *Havane*, qui produit des cigares renommés, du café, du coton et du sucre : *Porto-Rico* ; chef-lieu, *Santiago*.

3° En Asie : les îles *Philippines*, d'où l'on tire du tabac et des épices. — Île principale, *Luçon*, chef-lieu, *Manille*, port de mer.

4° En Océanie : les îles *Mariannes* et les *Carolines*.

Toutes ces possessions comptent 4 millions d'habitants.

§ 60. Royaume de Portugal.

XIII. Le Portugal s'étend dans la partie occidentale de la presqu'île Ibérique. Sa population s'élève à 4 millions d'habitants.

Cette contrée produit du blé, d'excellents vins, tels que ceux de Madère et de Porto, des oranges, des citrons et des dattes.

Villes remarquables : *Lisbonne*, capitale et port de mer, à l'embouchure du Tage ; 260 mille habitants. — *Porto*, port, sur le Douro. — *Coimbre*, sur le Mondégo.

§ 61. Italie.

XIV. L'Italie comprend le pays situé entre les Alpes, la mer Adriatique et la Méditerranée, la presqu'île de l'Italie et les îles qui l'entourent. Cette contrée jouit d'un climat dont la beauté est devenue proverbiale. Elle produit le blé, le vin, les fruits du Midi, le riz, la soie et les marbres les plus recherchés.

La population s'élève à 25 millions d'habitants.

Les États italiens sont :

1° Le *royaume de Sardaigne*, qui comprend la Savoie, le Piémont et l'île de Sardaigne. Population, 5 millions d'habitants.

Villes remarquables en Piémont : *Turin*, sur le Pô, capitale, grande et belle ville ; 135 mille habitants. — *Gênes*, port fortifié, au fond du golfe de ce nom. — *Cagliari*, au sud de l'île de Sardaigne.

2° Les duchés de *Parme* et de *Modène*, qui s'étendent à l'est du Piémont, entre l'Apennin et le Pô ; capitales : *Parme* et *Modène*.

3° Le *grand-duché de Toscane*. Cet État occupe le bassin de l'Arno, entre les États de l'Église et la Méditerranée.

Villes remarquables : *Florence*, capitale, sur l'Arno, grande et belle ville. — *Livourne*, port commerçant. — *Pise*. — *Lucques*.

4° *État de l'Église*. L'État de l'Église occupe le centre de l'Italie. Sa population s'élève à 3 millions d'habitants.

Villes remarquables : *Rome*, capitale, bâtie sur sept collines, au milieu des ruines de l'ancienne Rome ; 160 mille habitants. — *Bologne*, au nord. — *Ancône*, port fortifié, sur l'Adriatique. — *Civita-Vecchia*, port, sur la Méditerranée.

La petite république de *Saint-Marin* est enclavée dans l'État de l'Église.

5° Le *royaume des Deux-Siciles*. Cet État occupe le midi de l'Italie, l'île de Sicile et les îles de Lipari. Sa population s'élève à 8 millions 500 mille habitants.

Villes remarquables : *Naples*, capitale et port commerçant, au fond d'un golfe, près du mont Vésuve ; 400 mille habitants. — *Gaëte*, port fortifié. — *Salerne*, sur le golfe de ce nom. — *Reggio*, sur le détroit de Messine.

En Sicile : *Palerme*, capitale, port militaire ; 200 mille habitants. — *Messine*, port fortifié, sur le détroit. — *Catane*, au pied du mont Etna.

6° Le *royaume Lombard-Vénitien* (v. l'empire d'Autriche).

§ 62. Turquie d'Europe.

XV. La Turquie d'Europe s'étend entre les Carpathes, la mer Noire, la mer de Marmara, la mer de l'Archipel et la mer Adriatique.

La population s'élève à 10 ou 12 millions d'habitants.

L'empereur porte le titre de Sultan ou de Grand Seigneur. Les provinces ont à leur tête des pachas.

Villes remarquables : *Constantinople*, port, sur le détroit du même nom, et capitale de l'empire ; 600 mille habitants. — *Andrinople*, seconde capitale, sur la Maritza. — *Gallipoli*, port, sur le détroit des Dardanelles. — *Salonique*, port, sur la mer de l'Archipel. — *Varna*, port, sur la mer Noire. — *Jassy*, capitale de la Moldavie. — *Bucharest*, capitale de la Valachie. — *Sophie*, capitale de la Bulgarie. — *Janina* et *Scutari*, en Albanie. — *Belgrade*, en Servie. — *Bosna-Séraï*, en Bosnie.

§ 63. Royaume de Grèce.

XVI. Le royaume de la Grèce comprend la presqu'île de Morée, le sud de la presqu'île Hellénique, l'île de Négrepont et les îles occidentales de l'Archipel.

La population de ce petit État s'élève à 800 mille habitants.

Villes remarquables : *Athènes*, bâtie près d'un golfe formé par la mer de l'Archipel. — *Corinthe*, au fond du golfe de Lépante. — *Patras*, dans le même golfe. — *Coron* et *Modon*, sur la côte sud-ouest de la Morée.

CHAPITRE IV.

L'ASIE PHYSIQUE OU NATURELLE.

§ 64. Situation. — Étendue.

L'Asie, la plus grande des cinq parties du monde, s'étend à l'est de l'Europe et de l'Afrique. Elle est baignée par seize mers. Sa superficie est de 4,168,592, myr. carrés.

§ 65. Mers.

Les mers qui baignent l'Asie sont :
1° L'*Océan Glacial* arctique, au nord ;
2° Le *Grand Océan*, à l'est, qui forme :
3° La *mer de Behring*, au nord-est de l'Asie ;
4° La *mer d'Okhotsk*, à l'ouest du Kamtschatka ;
5° La *mer du Japon*, au sud de la mer d'Okhotsk ;
6° La *mer Jaune*, à l'est de l'Asie ;
7° La *mer Bleue*, au sud de la mer Jaune ;
8° La *mer de la Chine*, à l'est de l'Indo-Chine ;
9° L'*Océan Indien*, au sud de l'Asie ;
10° La *mer d'Oman*, entre l'Arabie et l'Hindoustan ;
11° La *mer Rouge*, à l'ouest de l'Arabie ;
12° La *Méditerranée*, à l'ouest de l'Asie ;
13° La *mer de l'Archipel*, à l'ouest de l'Anatolie ;
14° La *mer de Marmara*, au nord de l'Anatolie ;
15° La *mer Noire*, au nord de l'Asie Mineure ;
16° La *mer Caspienne*, entre l'Europe et l'Asie.

§ 66. Golfes.

Les mers de l'Asie qui forment des golfes sont :

L'Océan Glacial qui creuse :
1° Le golfe de l'*Obi*, au nord-ouest.
La mer de Behring qui creuse :
2° Le golfe d'*Anadyr*, au nord-est.
La mer Jaune qui creuse :
3° Le golfe du *Tchili*, à l'est de l'Asie.
La mer de la Chine qui creuse :
4° Le golfe de *Tonkin*, à l'est de l'Indo-Chine ;
5° Le golfe de *Siam*, à l'est de la presqu'île de Malacca.
L'Océan Indien qui creuse :
6° Le golfe de *Bengale*, à l'ouest de l'Indo-Chine ;
7° Le golfe *Persique*, à l'est de l'Arabie ;
8° Le golfe *Arabique*, entre l'Afrique et l'Asie.

§ 67. Détroits.

Les principaux détroits de l'Asie sont :
1° Le détroit de *Behring*, qui sépare l'Asie de l'Amérique du Nord ;
2° Le détroit de *Malacca*, entre la presqu'île de ce nom et l'île de Sumatra ;
3° Le détroit de *Palk*, entre l'Hindoustan et l'île Ceylan ;
4° Le détroit d'*Ormus*, entre le golfe Persique et la mer d'Oman ;
5° Le détroit de *Bab-el-Mandeb*, entre l'Afrique et l'Arabie.

§ 68. Presqu'îles.

Les presqu'îles que projette l'Asie sont :
1° La presqu'île de l'*Anatolie*, à l'ouest de l'Asie ;
2° La presqu'île de l'*Arabie*, entre la mer Rouge et le golfe Persique ;
3° La presqu'île de l'*Hindoustan*, entre la mer d'Oman et le golfe de Bengale ;
4° La presqu'île de l'*Indo-Chine*, entre le golfe de Bengale et le golfe de Tonkin ;
5° La presqu'île de *Malacca*, à l'ouest du golfe de Siam ;
6° La presqu'île de *Corée*, entre la mer Jaune et la mer du Japon ;
7° La presqu'île de *Kamtschatka*, entre la mer de Behring et la mer d'Okhotsk.

§ 69. Iles et archipels.

Les îles et les archipels de l'Asie sont :
1° La *Nouvelle-Zemble*, dans l'Océan Glacial, entre l'Europe et l'Asie ;
2° Les *Iles Liakow* ou *Nouvelle-Sibérie*, à l'est de la Nouvelle-Zemble ;
3° L'archipel des *Kouriles*, au sud du Kamtschatka ;
4° L'île *Tarrakaï*, au sud de la mer d'Okhotsk ;
L'archipel du *Japon* dont les îles principales sont :
5° *Matsmaï*, au sud de l'île Tarrakaï ;
6° *Niphon*, à l'est de la presqu'île de Corée ;
7° L'île *Sikokf*, au sud de l'île Niphon ;
8° L'île *Kiu-siu*, au sud-est de la Corée ;
9° L'île *Formose*, au nord de la mer de la Chine ;
10° L'île *Haï-nan*, à l'entrée du golfe de Tonkin ;
11° Les îles *Nicobar*, au nord-ouest de Sumatra dans le golfe de Bengale ;
12° Les îles *Andaman*, au nord des îles Nicobar ;
13° L'île *Ceylan*, au sud-est de l'Hindoustan ;
14° Les îles *Maldives*, au sud-ouest de l'île Ceylan ;
15° Les *Laquedives*, au nord des Maldives ;
16° L'île de *Chypre* dans la Méditerranée ;
17° L'île de *Rhodes*, à l'entrée de la mer de l'Archipel.

§ 70. Caps.

Les caps les plus remarquables de l'Asie sont :
1° Le cap *Sévéro-Vototchnii*, au nord de l'Asie ;
2° Le cap *Oriental*, en face du détroit de Behring ;
3° Le cap *Lopatka*, au sud du Kamtschatka ;
4° Le cap *Bourou* ou *Romania*, au sud de la presqu'île de Malacca ;
5° Le cap *Comorin*, au sud de l'Hindoustan ;
6° Le cap *Ras-el-Had*, à l'entrée du détroit d'Ormus ;

7° Le cap *Baba*, à l'ouest de l'Anatolie.

§ 71. Chaînes de montagnes.

Les chaînes principales de l'Asie sont :

1° Les *Monts Ourals*, qui courent pendant 500 lieues du nord au sud entre l'Europe et l'Asie ;

2° Les *Monts Alguidim, Altaï, Jablonoï et Stanovoï*, qui se détachent de l'Oural pour courir à l'est pendant 1500 lieues jusqu'au cap Oriental ;

3° Les *Monts de la Chine* et de l'*Indo-Chine*, qui courent en général du nord au sud depuis les monts Jablonoï jusqu'au cap Bourou ;

4° Les *Monts Ghâts*, qui parcourent du nord au sud la presqu'île de l'Hindoustan jusqu'au cap Comorin ;

5° Les *Monts Himalaya*, les plus hauts du globe, qui courent au nord, de l'est à l'ouest de l'Hindoustan pendant 500 lieues ;

6° Les *Monts Bolor*, qui courent du nord au sud, à l'ouest du plateau central ;

7° Les *Monts du Khorassan*, qui se dirigent de l'est à l'ouest depuis les monts Bolor jusqu'à la mer Caspienne ;

8° Le *Mont Caucase*, qui va de l'est à l'ouest depuis la mer Caspienne jusqu'à la mer Noire ;

9° La chaîne des *Monts Taurus*, qui parcourt l'Asie Mineure de l'est à l'ouest ;

10° Les *Monts Libans*, qui longent la côte orientale de la Méditerranée.

§ 72. Lacs.

Les principaux lacs de l'Asie sont :

1° Le lac *Aral*, à l'est de la mer Caspienne ;

2° Le lac *Balkach*, au nord-ouest du plateau central ;

3° Le lac *Baïkal*, au nord du plateau central ;

4° Le lac *Lob*, au centre de l'Asie ;

5° Le lac *Van*, à l'ouest de la mer Caspienne ;

6° Le lac *Asphaltite* ou mer Morte, au sud des Monts Libans.

§ 73. Fleuves.

Les fleuves du versant du nord sont :

1° L'*Obi*, qui sort des monts Altaï pour couler vers le nord-ouest jusqu'à l'Océan Glacial arctique ;

2° L'*Irtich*, affluent de gauche de l'Obi, qui sort du lac Saïsan pour couler vers le nord-ouest jusqu'à son confluent dans l'Obi ;

3° L'*Ieniseï*, qui prend naissance dans la partie orientale des Altaï pour couler vers le nord jusqu'à son embouchure dans la mer Glaciale ;

4° L'*Angara*, affluent de droite du Ieniseï, qui sort du lac Baïkal pour couler vers le nord-ouest jusqu'à son confluent ;

5° La *Lena*, qui prend naissance près du lac Baïkal pour se diriger vers le nord jusqu'à son embouchure en face des îles de la Nouvelle-Sibérie.

§ 74. Fleuves du versant oriental.

Les fleuves du versant oriental sont :

1° Le *Sakhalian* ou *Amour*, qui se forme de deux rivières pour couler vers l'est jusqu'à son embouchure dans la mer d'Okhotsk ;

2° Le *Hoang-ho* ou fleuve *Jaune*, qui sort des monts de la Chine pour couler vers l'est, en faisant de nombreux détours jusqu'à son embouchure dans la mer Jaune ;

3° Le *Kiang-ho* ou fleuve *Bleu*, qui sort des mêmes montagnes pour couler vers le sud-est et vers l'est jusqu'à son embouchure au-dessous de Nankin.

4° Le *Camboge*, qui naît dans les monts Koukhounor pour couler vers le sud jusqu'à son embouchure dans la mer de la Chine, à l'entrée du golfe de Siam.

§ 75. Fleuves du versant méridional.

Les principaux fleuves du versant méridional sont :

1° Le *Salouen*, qui finit dans le golfe de Martaban ;

2° L'*Iraouaddy*, qui finit à l'ouest du précédent ;

3° Le *Brahmapoutre*, qui coule de l'ouest à l'est et du nord au sud pour finir dans le golfe de Bengale ;

4° Le *Gange*, qui descend de l'Himalaya pour couler vers le sud-est jusqu'au golfe de Bengale ;

5° Le *Godavéry*, qui sort des monts Ghâts pour couler vers l'est jusqu'à la côte de Coromandel ;

6° L'*Indus*, qui sort du Thibet pour couler vers l'ouest et vers le sud jusqu'à la mer d'Oman ;

7° L'*Euphrate*, qui naît dans les monts Taurus pour couler vers l'ouest et vers le sud-est jusqu'au golfe Persique ;

8° Le *Tigre*, qui descend d'une branche des Taurus pour couler vers le sud-est jusqu'à son confluent dans l'Euphrate.

La réunion de ces deux fleuves prend le nom de *Chat-el-Arab*.

§ 76. Fleuves du plateau du lac Aral et de la mer Caspienne.

Les fleuves du plateau de la mer Caspienne et du lac Aral sont :

1° Le *Sir-daria*, qui descend des monts Bolor pour se diriger vers l'ouest jusqu'au lac Aral ;

2° L'*Amou-daria*, qui naît dans la même chaîne pour se rendre dans la partie sud du lac Aral ;

3° Le *Kour*, qui coule de l'ouest à l'est jusqu'à la mer Caspienne ;

4° Le *Jourdain*, qui appartient au plateau de la Syrie et qui se perd dans le lac Asphaltite ou mer Morte.

§ 77. Climat.

L'Arabie, l'Hindoustan et l'Indo-Chine ont un climat *très-chaud*.

L'Asie moyenne jouit d'un climat *tempéré*.

Le climat du nord de la Sibérie est *très-froid*.

§ 78. Minéraux.

L'Hindoustan fournit de l'or, des diamants, des pierres précieuses et du salpêtre.

La Chine a de l'or, de l'argent, du mercure, du zinc. L'étain abonde dans la presqu'île de Malacca, et le cuivre dans les îles du Japon.

§ 79. Végétaux.

Le café croît au sud de l'Arabie.

La côte de Malabar fournit le poivre.

L'île Ceylan produit la canelle.

Le sucre, le coton, l'indigo et le riz abondent dans les régions méridionales.

La Chine fournit du thé au monde entier.

La vigne, le figuier, l'olivier et l'oranger prospèrent dans l'Anatolie.

La Sibérie n'a que des forêts et des mousses. On ne trouve quelque culture que dans la partie méridionale de cette grande région.

§ 80. Animaux.

Les fleuves du nord abondent en poissons. Ceux du midi nourrissent le crocodile. On trouve dans les marais d'énormes serpents, entre autres le *boa*. L'huître à perles se trouve dans le golfe Persique et dans les parages de l'île Ceylan.

La Sibérie a l'ours blanc, le loup, le renard, le renne, la martre, l'hermine et l'écureuil appelé petit-gris.

Le Thibet a une espèce de chèvre dont le poil sert à fabriquer les châles de Cachemire.

L'Arabie possède des chevaux estimés et des chameaux qui servent à traverser les déserts.

L'Himalaya a pour habitants : le vautour, l'aigle, le faucon, le faisan et le paon.

Le lion et le chacal parcourent les déserts de l'Arabie.

L'Inde et la Chine ont le ver à soie, le tigre, le rhinocéros à une corne, et l'éléphant.

CHAPITRE V.

ASIE POLITIQUE.

§ 81. Aperçu général.

L'Asie possède environ 500 millions d'habitants, qui appartiennent à trois races : la *blanche*, la *mongole* et la *malaise*.

Les *blancs* habitent dans l'Asie occidentale jusqu'au Gange et à l'Ienisseï.

Les *Mongols* vivent dans l'Asie orientale.

Les *Malais* peuplent l'Indo-Chine.

§ 82. Religions.

Les blancs sont mahométans; les Mongols bouddhistes; les Malais mahométans ou bouddhistes.

Il y a des missions catholiques en Chine et dans l'Asie Mineure.

Les peuples du sud et de l'est sont sédentaires; ceux du nord et de l'ouest sont nomades.

§ 83. Contrées.

On divise l'Asie en quatorze contrées, savoir : 1° la Russie d'Asie; 2° l'empire chinois; 3° l'empire du Japon; 4° l'empire d'Annam; 5° le royaume de Siam; 6° l'État de Malacca; 7° l'empire des Birmans; 8° l'Hindoustan; 9° le Béloutchistan; 10° l'Afghanistan; 11° le Turkestan; 12° la Perse; 13° l'Arabie; 14° la Turquie d'Asie.

§ 84. La Russie d'Asie (Sibérie et Transcaucasie).

I. La Russie d'Asie comprend la *Sibérie*, vaste région qui occupe tout le versant septentrional depuis l'Oural jusqu'au détroit de Behring, et les provinces qui s'étendent au sud du Caucase entre la mer Noire et la mer Caspienne.

Population. — La population de la Russie d'Asie s'élève à 6 millions d'habitants.

Villes remarquables : Tobolsk, sur l'Irtich, capitale de la Sibérie occidentale; Irkoutsk, sur l'Angara; Iakoutsk, sur la Léna; Saint-Pierre et Saint-Paul, port, sur la mer de Behring; Okhotsk, port, sur la mer de ce nom; Tiflis, sur le Kour, capitale de la Géorgie.

§ 85. L'Empire chinois.

II. La Chine occupe le plateau central de l'Asie, le versant oriental, les îles Lieoukicou, Formose et Haï-nan.

Population. — Ce vaste empire a de 150 à 300 millions d'habitants. Il produit beaucoup de riz, de thé, de coton et de soie. La porcelaine de Chine jouit d'une grande réputation.

Villes rem. : *Pékin*, à l'ouest du golfe du Tchili, capitale de l'empire, ville immense. *Nan-king*, sur le fleuve Bleu, où l'on fabrique des étoffes de coton jaune. *Canton*, au sud de Nan-king, port ouvert aux étrangers.

§ 86. L'Empire du Japon.

III. L'empire du Japon occupe un grand archipel situé à l'est de l'Asie.

Population. — La population du Japon s'élève à 30 ou 40 millions d'hab.

Villes rem. : *Jédo*, capitale, et *Miaco*, dans l'île de Niphon.

Nangasaki, dans l'île *Kiu-siu*.

§ 87. L'Empire d'Annam.

IV. L'empire d'Annam ou de Cochinchine s'étend au sud-est de l'Indo-Chine.

La population s'élève à 7 ou 8 millions d'habitants.

Villes rem. : *Hué*, capitale, située à l'entrée du golfe de Tonkin.

Saïgon, grand port, à l'embouchure du Camboge.

§ 88. Le royaume de Siam.

V. Le royaume de Siam se trouve au nord de la presqu'île de Malacca.

La population s'élève à 400 mille hab.

Villes rem. : *Bangkok*, capitale, située à l'embouchure du Meinam; *Siam*, sur le fleuve de ce nom.

§ 89. L'État de Malacca.

VI. L'État de Malacca occupe la presqu'île de ce nom.

La population est d'environ 400 mille hab.

Villes rem. : *Malacca*, à l'ouest de la presqu'île; *Singapour*, au sud.

§ 90. Empire des Birmans.

VII. L'empire des Birmans occupe la partie occidentale de l'Indo-Chine.

La population peut s'élever à 4 millions d'habitants.

Villes rem : *Ava*, capitale, sur l'Iraouaddi; *Oummérapoura*, au nord d'Ava; *Rangoun* et *Martaban*, ports de mer.

§ 91. L'Hindoustan.

VIII. L'Hindoustan est une vaste contrée qui occupe les pays situés entre la chaîne de l'Himalaya, au nord; l'Iraouaddi et le golfe de Bengale, à l'est; la mer d'Oman, à l'ouest.

La population s'élève à 130 millions d'habitants, qui reconnaissent la domination ou le protectorat de la compagnie anglaise des Indes orientales.

Villes rem. : *Calcutta*, capitale, sur le Gange; *Agra, Chandernagor, Madras, Pondichéry* et *Bombay*.

§ 92. Le Béloutchistan.

IX. Le Béloutchistan est à l'ouest de l'Hindoustan.

La population est de 2 millions d'hab.

Villes rem. : *Kelat*, capitale, au nord de la contrée.

§ 93. L'Afghanistan.

X. L'Afghanistan est au nord du Béloutchistan.

La population est de 4 millions d'hab.

Villes rem. : *Caboul* à l'est, et *Hérat* au nord de la contrée.

§ 94. Le Turkestan.

XI. Le Turkestan occupe le plateau du lac Aral.

La population est de 6 millions d'hab.
Villes rem. : *Khokand, Boukhara* et *Khiva.*

§ 95. La Perse.

XII. La Perse se trouve entre la mer Caspienne, au nord, et le golfe Persique, au sud.

La population est de 10 millions d'hab.
Villes rem.: *Téhéran*, capitale, *Ispahan* et *Bender-Abassi.*

§ 96. L'Arabie.

XIII. L'Arabie occupe la grande presqu'île qui porte son nom.

La population est de 10 à 12 millions d'habitants.

Villes rem. : la *Mecque, Médine, Moka, Aden* et *Maskate.*

§ 97. La Turquie d'Asie.

XIV. La Turquie d'Asie est à l'est de la Méditerranée.

La population est de 12 millions d'hab.
Villes rem. : *Smyrne, Jérusalem, Alep, Damas* et *Bagdad.*

CHAPITRE VI.

AFRIQUE PHYSIQUE OU NATURELLE.

§ 98. Situation, étendue.

L'Afrique occupe la partie sud-ouest de l'ancien continent. C'est une grande presqu'île qui est jointe à l'Asie par l'isthme de Suez. Sa superficie est de 2,924,000 myr. carrés.

§ 99. Mers.

Les mers qui baignent l'Afrique sont :
1° La mer *Méditerranée*, au nord;
2° L'Océan *Atlantique*, à l'ouest.
3° L'Océan *Indien*, à l'est.

§ 100. Golfes.

Les mers qui forment les golfes de l'Afrique sont :
La Méditerranée, qui creuse :
1° Le golfe de la *Sidre*, au nord de l'Afrique;
2° Le golfe de *Cabès*, à l'ouest du golfe de la Sidre.

L'Océan Atlantique, qui creuse :
3° Le golfe de *Guinée*, à l'ouest de l'Afrique.
L'Océan Indien, qui creuse :
4° Le golfe *Arabique*, à l'est-nord-est de l'Afrique.

§ 101. Détroits.

Les principaux détroits de l'Afrique sont :
1° Le détroit de *Gibraltar*, au nord-ouest de l'Afrique;
2° Le canal de *Mozambique*, entre l'Afrique et Madagascar;
3° Le détroit de *Bab-el-Mandeb*, entre la mer Rouge et la mer des Indes.

§ 102. Iles.

Les îles de l'Afrique, dans l'Océan Indien, sont :
1° *Socotora*, près du détroit de Bab-el-Mandeb;
2° Les *Seychelles*, au sud de Socotora;
3° Les *Comores*, au nord du canal de Mozambique;
4° *Madagascar*, au sud des Comores;
5° L'île *Bourbon* et l'île de *France*, à l'est de Madagascar.
Les îles de l'Afrique dans l'Océan Atlantique sont :
6° L'île *Sainte-Hélène*, au milieu de l'Océan Atlantique;
7° Les îles *Saint-Matthieu, Annobon, Saint-Thomas, du Prince* et *Fernando-Pô*, dans le golfe de Guinée;
8° Les îles du *cap Vert*, à l'ouest du Sénégal;
9° Les îles *Canaries*, à l'ouest de l'Afrique;
10° Les îles *Madère*, au nord des Canaries;
11° Les îles *Açores*, au nord-ouest de l'Afrique.

§ 103. Caps.

Les principaux caps de l'Afrique sont :
1° Le cap *Bon*, au nord du golfe de Cabès;
2° Le cap *Bojador*, au sud-est des îles Canaries;
3° Le cap *Blanc*, au sud du cap Bojador;
4° Le cap *Vert*, au sud du Sénégal;
5° Le cap des *Trois-Palmes*, à l'entrée du golfe de Guinée;
6° Le cap *Lopez*, au sud du golfe de Guinée;
7° Le cap *Negro*, au sud du cap Lopez;
8° Le cap *Frio*, au sud du cap Negro;

9° Le cap de *Bonne-Espérance*, au sud de l'Afrique;
10° Le cap des *Courants*, au sud du canal de Mozambique;
11° Le cap *Guardafui*, à l'est de l'Afrique;
12° Le cap *d'Ambre*, au nord de Madagascar;
13° Le cap *Sainte-Marie*, au sud.

§ 104. Montagnes.

Les principales chaînes de montagnes de l'Afrique sont :
1° La chaîne de l'*Atlas*, au nord de l'Afrique;
2° Les montagnes de *Kong*, au nord du golfe de Guinée;
3° Les monts de la *Lune*, au centre de l'Afrique;
4° Les monts *Niewevel*, au sud;
5° Les monts *Lupata*, au sud-est.

§ 105. Fleuves.

Les principaux fleuves de l'Afrique sont :
1° Le *Nil*, qui sort des monts de la Lune pour couler vers le Nord jusqu'à la Méditerranée;
2° Le *Sénégal*, qui naît dans les montagnes de Kong pour couler vers le nord-ouest jusqu'à l'Océan Atlantique;
3° La *Gambie*, qui coule parallèlement au Sénégal jusqu'à son embouchure, dans l'Océan Atlantique;
4° Le *Niger*, qui naît dans les montagnes de Kong pour couler d'abord vers le nord et ensuite vers le sud-est, jusqu'au golfe de Guinée;
5° Le *Zaïre* ou *Coanza*, qui sort du plateau méridional pour couler vers l'ouest jusqu'à son embouchure au nord du cap Negro;
6° L'*Orange*, qui naît dans les montagnes qui rattachent les monts Lupata aux monts Niewevel, pour couler vers l'ouest jusqu'à son embouchure au nord du cap de Bonne-Espérance;
7° Le *Zambèze*, qui sort du plateau méridional pour couler vers l'est jusqu'au canal de Mozambique.

§ 106. Lacs.

Les principaux lacs de l'Afrique sont :
1° Le lac *Tchad*, au centre de l'Afrique;
2° Le lac *Dembéa*, près de la source du Nil Bleu;

3° Le lac *Maravi*, au sud-est de l'Afrique.

§ 107. Climat.

L'Afrique se trouvant presque en entier dans la zone torride, a un climat très-chaud. Il n'y a d'exception que dans quelques parties élevées ou dans l'extrémité méridionale du continent.

Le *Sahara* est une vaste contrée brûlante de 1,000 lieues, qui répand des vents suffocants dans toutes les contrées voisines.

§ 108. Minéraux.

On tire de l'Afrique une grande quantité d'or en poudre.

Le *fer* abonde dans l'Afrique méridionale.

Il y a des *émeraudes* au sud-est de l'Égypte.

§ 109. Végétaux.

L'Afrique a les productions équatoriales, savoir :

Le *palmier*, le *bananier*, la *canne à sucre*, le *figuier*, le *riz*, l'*ébène*, le bois de *santal*, le *baobab*, le plus gros des arbres connus. Au nord du Sénégal, de vastes forêts d'*acacias* qui fournissent la gomme arabique au monde entier. Les bords de la Méditerranée ont l'*oranger*, le *citronnier* et la *vigne*, qu'on cultive aussi dans la partie méridionale.

§ 110. Animaux.

On trouve dans toute l'Afrique le *lion*, la *panthère*, la *hyène*, le *chacal*, l'*éléphant*, la *girafe*, le *singe*, le *chameau*, dont on se sert pour traverser le Sahara, où l'on rencontre l'*autruche*, le plus gros des oiseaux connus. Le *boa* et autres serpents énormes habitent les marais.

On trouve dans les fleuves l'*hippopotame*, le *crocodile*, etc.

CHAPITRE VII.

§ 111. Afrique politique.

La population de l'Afrique est peu connue. Elle peut s'élever à 80 ou 100 millions d'habitants qui appartiennent à deux races d'hommes, la blanche et la nègre.

Les Africains sont chrétiens, mahométans ou idolâtres.

§ 112. Contrées de l'Afrique.

On peut diviser l'Afrique en vingt contrées, savoir :

1° L'Égypte; 2° la Nubie; 3° l'Abyssinie; 4° la régence de Tripoli; 5° la régence de Tunis; 6° l'Algérie; 7° l'empire de Maroc; 8° le Sahara; 9° la Nigritie ou Soudan; 10° la Sénégambie; 11° la Guinée septentrionale; 12° la Guinée méridionale; 13° la Cimbébasie; 14° la Hottentotie; 15° la Colonie du Cap; 16° la Cafrerie; 17° le Mozambique; 18° le Zanguebar; 19° la côte d'Ajan; 20° les îles de l'Océan Indien.

§ 113. Égypte.

I. L'Égypte occupe la partie nord du bassin du Nil.

Sa population peut s'élever à 5 millions d'hab.

Les villes remarquables sont : le *Caire*, capitale, près du Nil, 300,000 habitants; *Alexandrie, Rosette* et *Damiette*, ports sur la Méditerranée.

L'Égypte fournit à l'Europe du blé, du coton, du riz, de l'indigo et du café Moka.

§ 114. Nubie.

II. La Nubie s'étend au sud de l'Égypte dans le bassin du Nil.

Sa population paraît s'élever à 800,000 habit.

Ville remarq. : *Sennaar*, sur le Nil Bleu.

§ 115. Abyssinie.

III. L'Abyssinie occupe la partie supérieure du bassin du Nil.

Sa population est d'environ 4 millions d'hab.

Ville rem. : *Gondar*, près du lac Dembéa.

§ 116. Tripoli.

IV. L'État ou régence de Tripoli s'étend à l'ouest de l'Égypte sur les bords de la Méditerranée.

Sa population peut avoir 1 million d'hab.

Villes remarq. : *Tripoli*, capitale et port sur la Méditerranée; *Benghazi*, port; *Mourzouk*, et *Ghadamès*, villes d'intérieur.

§ 117. Tunis.

V. La régence de Tunis est à l'ouest de Tripoli.

Sa population est de 2 millions d'hab.

Villes remarq. : *Tunis*, capitale et port sur la Méditerranée, *Bizerte* et *Cabès*.

§ 118. Algérie.

VI. L'Algérie est à l'ouest de la régence de Tunis.

La population de cette contrée, qui appartient à la France, s'élève à 2 millions 500,000 hab.

Villes remarq. : *Alger*, capitale et port sur la Méditerranée, *Constantine*, à l'est et dans l'intérieur, *Oran*, port situé à l'ouest de l'Algérie.

§ 119. Empire de Maroc.

VII. L'empire de Maroc est à l'ouest de l'Algérie.

Sa population s'élève à 9 millions d'hab.

Villes remarq. : *Maroc*, capitale au centre de l'empire; *Fez, Tanger* et *Mogador*.

§ 120. Sahara.

VIII. Le Sahara ou grand désert est une immense région qui s'étend au sud du Maroc, de l'Algérie, de Tunis et de Tripoli.

La population des diverses tribus qui occupent les oasis du Sahara peut s'élever à 900,000 hab.

Villes remarq. : *Agably*, située au nord, et *Aghadès* au sud.

Commerce d'esclaves, de gomme et de plumes d'autruche.

§ 121. Nigritie ou Soudan.

IX. La Nigritie ou Soudan est une vaste contrée au centre de l'Afrique.

Sa population peut s'élever à 18 ou 20 millions d'hab.

Villes remarq. : *Tombouktou*, près du Niger; *Sackatou, Kouka*.

§ 122. Sénégambie.

X. La Sénégambie s'étend à l'ouest de l'Afrique.

La population de la Sénégambie peut s'élever à 3 ou 4 millions d'habitants.

Villes remarq. : *Saint-Louis*, ville française située à l'embouchure du Sénégal; *Sainte-Marie de Bathurst*, à l'embouchure de la Gambie, aux Anglais.

§ 123. Guinée septentrionale.

XI. La Guinée septentrionale est au sud des montagnes de Kong.

Sa population est de 6 millions d'hab.

Villes remarq. : *Coumassie* au centre de la Guinée ; *Abomey, Benin.*

§ 124. Guinée méridionale.

XII. La Guinée méridionale ou Congo s'étend à l'ouest de l'Afrique.

La population de cette région peut avoir 2 millions d'hab.

Villes remarq. : *Banza* ou *San-Salvador, Saint-Paul de Loanda, Saint-Philippe de Benguela.*

§ 125. Cimbébasie.

XIII. La Cimbébasie est au sud de la Guinée méridionale.

La population de la Cimbébasie est peu connue, et paraît s'élever à 40,000 hab.

Il n'y a aucune ville remarquable.

§ 126. Hottentotie.

XIV. La Hottentotie est une contrée méridionale de l'Afrique.

Sa population peut s'élever à 70,000 habitants, divisés en tribus qui résident dans des villages.

§ 127. Colonie du Cap.

XV. La colonie du Cap, qui appartient aux Anglais, occupe la pointe méridionale de l'Afrique.

La population s'élève à 180,000 hab.

Villes remarq. : *Le Cap* et *Port-Natal.*

§ 128. Cafrerie.

XVI. La Cafrerie est une vaste contrée peu connue. Elle s'appuie sur la Nigritie, la Guinée méridionale et la Hottentotie.

La population est très-peu connue.

Ville remarq. : *Zimbaoé.*

§ 129. Mozambique.

XVII. Le Mozambique s'étend au nord-est de la colonie du Cap.

La population de cette contrée est de 2 millions d'hab.

Villes remarq. : *Mozambique et Sofala.*

§ 130. Zanguebar.

XVIII. Le Zanguebar s'étend sur la côte de l'Océan Indien.

La population est de 2 millions d'hab.

Villes remarq. : *Zanzibar, Quiloa.*

§ 131. Côte d'Ajan.

XIX. La côte d'Ajan est déserte et très-peu connue.

§ 132. Iles de l'Océan Indien.

XX. *Madagascar*, à l'est de l'Afrique. Population, 4 millions d'hab.

Villes remarq. : *Tananarive.*

L'île *Bourbon*, à la France.

Ville remarq. : *Saint-Denis.*

L'*Ile de France* ou *Maurice*, à l'Angleterre.

Ville remarq. : *Port-Louis*, etc.

CHAPITRE VIII.

AMÉRIQUE PHYSIQUE.

§ 133. Situation et étendue.

Le nouveau continent, appelé *Amérique*, se compose de deux grandes presqu'îles ; l'une au nord, qu'on appelle *Amérique septentrionale*, et l'autre au sud, qu'on nomme *Amérique méridionale.* Ces deux presqu'îles, réunies par l'isthme de *Panama*, s'étendent du nord-ouest au sud-est, entre l'Océan Atlantique et le Grand Océan. Leur superficie est de 3,577,000 myr. carrés.

§ 134. Mers.

Les mers qui baignent l'Amérique sont :
1° L'Océan *Glacial arctique*, au nord ;
2° La mer ou baie d'*Hudson*, au nord-est ;
3° La mer de *Baffin*, au sud du Groënland ;
4° L'Océan *Atlantique*, à l'est du continent ;
5° La mer des *Antilles*, entre les deux Amériques ;
6° Le *Grand Océan*, à l'ouest du continent ;
7° La mer *Vermeille*, à l'ouest de l'Amérique du Nord ;
8° La mer de *Behring*, au nord-ouest.

§ 135. Golfes.

Les mers qui forment les golfes sont :
La mer des Antilles, qui creuse :
1° Le golfe du *Mexique*, au sud de l'Amérique septentrionale ;
2° Le golfe d'*Honduras*, au sud du golfe du Mexique.
Le Grand Océan, qui creuse :
3° La baie de *Panama*, à l'ouest de l'isthme de ce nom.

§ 136. Détroits.

Les principaux détroits de l'Amérique sont :
1° Le détroit de *Davis*, entre la mer de Baffin et l'Atlantique ;
2° Le détroit de *Magellan*, entre l'Amérique méridionale et la Terre de Feu ;
3° Le détroit de *Behring*, entre l'Asie et l'Amérique septentrionale.

§ 137. Presqu'îles.

Les principales presqu'îles de l'Amérique sont :
1° La presqu'île de *Labrador*, entre la mer d'Hudson et l'Atlantique ;
2° La presqu'île de la *Nouvelle-Écosse*, à l'est de l'Amérique septentrionale ;
3° La presqu'île de *Floride*, à l'est du golfe du Mexique ;
4° La presqu'île du *Yucatan*, entre les golfes du Mexique et d'Honduras ;
5° La presqu'île de *Californie*, à l'ouest de la mer Vermeille ;
6° La presqu'île d'*Alaska*, au nord-ouest de l'Amérique.

§ 138. Iles et Archipels.

Les îles de l'Amérique dans l'Océan Atlantique sont :
1° Le *Groënland*, au nord-est de l'Amérique ;
2° *Terre-Neuve*, à l'est de la presqu'île de Labrador.
3° Les îles *Bermudes*, à l'est de l'Amérique du Nord ;
4° Les îles *Lucayes* ou de *Bahama*, au sud-est de la presqu'île de Floride.
Les quatre grandes *Antilles*, qui sont :
5° *Cuba*, au sud de la presqu'île de Floride ;
6° *Haïti*, au sud-est de Cuba ;
7° La *Jamaïque*, à l'ouest d'Haïti ;
8° *Porto-Rico*, à l'est ;
Les petites *Antilles*, dont les principales sont :
9° La *Guadeloupe*, à l'est-sud-est de Porto-Rico ;
10° La *Martinique*, au sud de la Guadeloupe ;
11° Les îles *Malouines*, à l'est du détroit de Magellan ;
12° La *Terre de Feu*, au sud de l'Amérique méridionale.

Les îles du Grand Océan sont :

13° L'île *Quadra et Vancouver*, à l'ouest de l'Amérique du Nord;

14° L'*Archipel du roi Georges*, au nord de l'île Quadra et Vancouver;

15° Les îles *Aléoutiennes*, à l'ouest de la presqu'île d'Alaska.

§ 139. Caps.

Les principaux caps de l'Amérique sont :

1° Le cap *Farewel*, au sud du Groënland;

2° Le cap *Cod*, à l'est de l'Amérique septentrionale ;

3° Le cap *Catoche*, à l'extrémité de la presqu'île du Yucatan;

4° Le cap *Gallinas*, au nord de l'Amérique du Sud;

5° Le cap *Saint-Roch*, à l'est de l'Amérique du Sud;

6° Le cap *Horn*, le plus méridional du monde, au sud de la Terre de Feu;

7° Le cap *Blanc*, sur le Grand Océan, à l'ouest de l'Amérique du Sud;

8° Le cap *San-Lucas*, à l'extrémité de la presqu'île de Californie;

9° Le cap du *Prince de Galles*, sur le détroit de Behring.

§ 140. Chaînes de montagnes.

Une grande chaîne de montagnes parcourt les deux Amériques en longeant les côtes du Grand Océan, depuis le détroit de Magellan, jusqu'au détroit de Behring. Cette grande chaîne porte différents noms dont les principaux sont :

1° La *Cordillère des Andes*, qui se prolonge depuis le détroit de Magellan jusqu'à la presqu'île du Yucatan;

2° La *Cordillère du Mexique*, qui comprend le grand plateau que forme l'Amérique du Nord entre le golfe du Mexique, le Grand Océan et la mer Vermeille;

3° Les *montagnes Rocheuses* font suite aux précédentes, et se prolongent jusqu'au détroit de Behring;

4° Les *monts Alléghany* courent du nord au sud dans l'Amérique septentrionale, depuis la Nouvelle-Écosse jusqu'à la presqu'île de Floride;

5° Les *montagnes du Brésil* forment la ceinture orientale du grand bassin du Rio de la Plata.

§ 141. Fleuves.

Les fleuves du versant du nord sont :

1° Le fleuve *Mackensie*, qui naît dans les monts Rocheux, traverse le lac de l'Esclave, reçoit les eaux du lac du Grand-Ours, et se perd dans l'Océan Glacial arctique ;

2° Le fleuve *Nelson*, qui sort aussi des monts Rocheux, coule vers le nord-est, reçoit les eaux du lac Ouinnipeg, et se jette dans la mer d'Hudson.

Les principaux fleuves du versant oriental sont :

3° Le fleuve *Saint-Laurent*, qui sort des plus grands lacs d'eau douce qui existent sur le globe pour couler vers le nord-ouest jusqu'à l'Océan Atlantique, en face de Terre-Neuve;

4° Le fleuve *Mississipi*, qui sort des collines qui avoisinent les grands lacs pour couler vers le sud jusqu'au golfe du Mexique;

5° La rivière *Missouri*, qui naît dans les monts Rocheux, coule vers le sud-est jusqu'à son entrée dans le Mississipi, après un cours de 2,600 kilomètres;

6° La rivière *Arkansas*, qui descend de la même chaîne pour couler vers le sud-est jusqu'à son confluent au sud du Missouri;

7° La rivière *Ohio*, affluent de gauche du Mississipi, qui descend des Alléghany pour couler vers le sud-ouest;

8° Le fleuve *Rio-del-Norte*, qui prend sa source dans la chaîne Rocheuse pour couler vers le sud jusqu'au golfe du Mexique;

9° Le fleuve *Madeleine*, qui descend de la Cordillère pour couler vers le nord jusqu'à la mer des Antilles;

10° Le fleuve *Orénoque*, qui sort d'un rameau des Andes pour couler vers l'est jusqu'à l'Atlantique;

11° Le fleuve des *Amazones*, le plus grand du globe, qui sort des Andes coulant en général vers l'est, pour se jeter dans l'Océan Atlantique après un cours de 4,800 kilomètres.

12° La rivière *Madeira*, affluent de droite de l'Amazone;

13° La rivière *Xingu*, autre grand affluent de droite;

14° La rivière *Tocantin*, qui joint l'Amazone en face de l'île Marajo;

15° Le fleuve *Saint-François*, qui sort des monts du Brésil pour couler vers le nord et pour se jeter dans l'Atlantique, au sud du cap Saint-Roch;

16° Le *Rio de la Plata*, qui a une embouchure de 240 kilomètres et qui se forme du

17° *Parana*. Ce dernier sort des monts du Brésil pour couler vers le sud;

18° Le *Paraguay*, qui sort du plateau du Brésil pour couler vers le sud, jusqu'à son confluent dans le Parana.

19° Le fleuve *Rio-Negro*, qui naît dans les Andes pour couler vers le sud-sud-est, jusqu'à l'Océan Atlantique.

Les fleuves du versant occidental sont :

20° Le *Rio Colorado*, qui se jette dans la mer Vermeille;

21° Le *Rio-Sacramento*, qui se jette dans la baie de San-Francisco;

22° L'*Orégon* ou *Colombia*, qui arrose le nord de la Californie;

§ 142. Lacs.

Les principaux lacs de l'Amérique du Nord sont :

1° Les lacs du *Grand-Ours*, de l'*Esclave*, des *Montagnes*, et *Ouinnipeg*, dans le versant septentrional;

2° Les lacs *Supérieur*, *Michigan*, *Huron*, *Érié* et *Ontario*, qui forment le fleuve Saint-Laurent.

La cataracte du Niagara, la plus grande du globe, se trouve entre les lacs Érié et Ontario;

3° Le lac *Nicaragua*, entre la presqu'île de Yucatan et l'isthme de Panama;

4° Les lacs *Maracaïbo*, *Titicaca*, et de *Los-Patos* dans l'Amérique méridionale.

§ 143. Climat.

L'Amérique a des climats très-opposés.

La région qui avoisine la mer Glaciale est très-froide.

La partie centrale de l'Amérique du Nord jouit d'un climat tempéré.

La partie comprise entre les deux tropiques a une température très-chaude, et la partie sud de l'Amérique méridionale jouit d'un climat tempéré.

§ 144. Minéraux.

L'Amérique possède des mines qui paraissent inépuisables. Celles du Pérou ont fourni à l'Europe des quantités prodigieuses d'or et d'argent.

Les montagnes du Brésil ont des diamants, d'autres pierres précieuses, de l'or et divers métaux.

Les montagnes qui forment la ceinture orientale du Mississipi fournissent de l'or, du fer et de la houille.

La Californie a de riches lavages d'or, etc.

§ 145. Végétaux.

Le versant de la mer Glaciale produit des mousses et des sapins.

Les bassins du Saint-Laurent et du Mississipi ont d'immenses forêts. On y cultive le blé, et, vers le sud, le coton, le riz, le tabac et la canne à sucre.

Dans les Antilles et les régions voisines, on cultive le tabac, le café, la canne à sucre et le riz.

Les bassins de l'Orénoque et de l'Amazone ont une riche végétation pendant la saison des pluies, etc.

§ 146. Animaux.

Des baleines et des veaux marins vivent dans les mers qui baignent le nord de l'Amérique.

Le banc de Terre-Neuve fournit une quantité prodigieuse de morues.

Le castor, la loutre, la martre, le chien, le renard, le renne et l'ours habitent les bords des grands lacs.

On trouve dans le bassin du Mississipi des serpents à sonnettes, des bisons, des cerfs, et beaucoup d'animaux domestiques.

Des jaguars ou tigres d'Amérique, des caïmans (crocodiles), des serpents à sonnettes, des singes, des perroquets, etc., habitent les plaines de l'Orénoque et de l'Amazone.

On trouve dans les Andes le lama et le condor.

On pêche d'énormes tortues dans la mer des Antilles.

CHAPITRE IX.

AMÉRIQUE POLITIQUE.

§ 147. Population.—Races.—Religions.

La population de l'Amérique s'élève à plus de 50 millions d'habitants, dont 23 millions appartiennent à la race blanche européenne, 10 millions à la race jaune américaine, 7 millions et demi à la race nègre africaine, et le restant aux races mélangées issues des trois autres.

31 millions sont catholiques, 15 millions sont protestants et le reste idolâtres.

§ 148. Contrées de l'Amérique.

On peut diviser l'Amérique en 18 contrées, savoir :

1° L'Amérique russe; 2° la Nouvelle-Bretagne; 3° les États-Unis; 4° le Mexique; 5° l'Amérique centrale; 6° les grandes et les petites Antilles; 7° la Nouvelle-Grenade; 8° la république de l'Équateur; 9° la république de Venezuela; 10° la république du Pérou; 11° la république de Bolivie; 12° la république du Chili; 13° la Patagonie; 14° les États-Unis de la Plata; 15° l'Uruguay; 16° la république du Paraguay; 17° le Brésil; 18° les Guyanes.

§ 149. Amérique russe.

I. L'Amérique russe occupe la partie nord-ouest de l'Amérique septentrionale.

La population est d'environ 60,000 hab. Le chef-lieu est la *Nouvelle-Arkhangel* dans l'île *Sitka*, qui fait partie de l'archipel du roi Georges.

§ 150. Nouvelle-Bretagne.

II. La Nouvelle-Bretagne est une vaste contrée qui occupe le nord et le nord-est de l'Amérique du Nord.

La population s'élève à 2 millions d'hab. Villes remarq. : 1° *Montréal*, capitale dans une île du Saint-Laurent; 2° *Québec*, ancienne capitale, sur la rive gauche du Saint-Laurent; 3° *Halifax*, capitale de la Nouvelle-Écosse, port sur l'Océan Atlantique.

§ 151. États-Unis.

III. Les États-Unis s'étendent entre l'Océan Atlantique à l'est, le golfe du Mexique au sud et le Grand Océan à l'ouest.

La population des États-Unis s'élève à 27 millions d'habitants, parmi lesquels on compte 2 millions et demi d'esclaves noirs.

Le gouvernement des États-Unis est une république fédérative composée de trente-trois États, deux districts et deux territoires.

Villes remarq. : 1° *Washington*, capitale de toute l'Union, située au fond d'une baie; 2° *New-York*, la plus grande ville de l'Amérique, 750,000 hab., située à l'embouchure de l'Hudson, avec un des ports les plus sûrs du monde; 3° *Philadelphie*, située sur la Delaware, avec un port vaste et sûr; 4° la *Nouvelle-Orléans*, à l'embouchure du Mississipi; 5° *Saint-Louis*, sur le Mississipi au centre des États-Unis; 6° *Cincinnati*, sur l'Ohio; 7° *San-Francisco*, port sur le Grand Océan, etc.

§ 152. Mexique.

IV. Le Mexique s'étend au sud des États-Unis, entre le golfe du Mexique à l'est et le Grand Océan à l'ouest.

La population est de 8 millions d'hab.

Villes remarq. : 1° *Mexico*, capitale bâtie au milieu d'un plateau et sur les bords d'un lac, 200,000 hab.; 2° *Guadalaxara*, au nord-ouest de Mexico; 3° *Vera-Cruz*, port de mer sur le golfe du Mexique; 4° *Campêche*, port sur la baie de son nom.

§ 153. Amérique centrale.

V. L'Amérique centrale s'étend au sud du Mexique, entre la mer des Antilles et le Grand Océan.

La population s'élève à 2 millions d'hab. Villes rem. : 1° la *Nouvelle-Guatemala*, capitale de la république de ce nom, près de la côte du Grand Océan ; 2° *Balize*, sur la côte méridionale du Yucatan ; 3° *San-Salvador*, capitale de la république de ce nom ; 4° *Léon*, capitale de la république de Nicaragua.

§ 154. Grandes et petites Antilles.

VI. L'archipel des Antilles forme trois groupes :

Les îles *Lucayes* au nord ; les *grandes Antilles* au centre ; les *petites Antilles* au sud.

1° Les îles *Lucayes* ou de *Bahama* renferment l'île *San-Salvador*, première terre que découvrit Christophe Colomb. Elles ont 20,000 hab. et appartiennent aux Anglais.

2° Les *grandes Antilles*, qui sont au nombre de quatre : 1° *Cuba*, qui appartient aux Espagnols ; population 1 million 200,000 hab., capitale *la Havane*, grande ville maritime au nord de l'île ; 2° l'île *Haïti*, qui forme deux États indépendants. Population : 1 million d'hab. Capitales : le *Port-au-Prince* et *Saint-Domingue*; 3° la *Jamaïque*, au sud de Cuba. Population : 380,000 hab. Capitale *Kingston*, aux Anglais ; 4° *Porto-Rico*, à l'est. Population : 350,000 hab. Chef-lieu, *San-Juan*, aux Espagnols.

3° Les plus remarquables des petites Antilles sont : la *Guadeloupe* et la *Martinique*.

1° La *Guadeloupe*, située au nord, a une population de 110,000 hab.

Les villes remarquables sont : la *Basse-Terre*, capitale de la colonie, et la *Pointe-à-Pitre*.

2° La *Martinique*, située au sud de la Guadeloupe, a une population de 122,000 hab.

Les villes remarquables sont : le *Fort-de-France*, capitale de la colonie, et *Saint-Pierre*, ville maritime.

La Guadeloupe et la Martinique appartiennent à la France.

§ 155. Nouvelle-Grenade.

VII. La république de la Nouvelle-Grenade s'étend au nord de l'Amérique du Sud.

Sa population est d'environ 2 millions d'hab.

Villes remarq. : 1° *Santa-Fé de Bogota*, sur un affluent de la Madeleine ; 2° *Carthagène*, port sur la mer des Antilles ; 3° *Panama*, port sur le Grand Océan.

§ 156. République de l'Équateur.

VIII. La république de l'Équateur est au sud de la Nouvelle-Grenade.

Sa population est d'environ 1 million d'hab.

Villes remarq. : 1° *Quito*, capitale, sur un Plateau que forme la Cordillère ; 2° *Guayaquil*, port sur le Grand Océan.

§ 157. République de Vénézuéla.

IX. La république de Vénézuéla est à l'est de la Nouvelle-Grenade.

Sa population est d'environ 1 million d'hab.

Villes remarq. : 1° *Caracas*, au nord de la contrée et près de la mer des Antilles ; 2° *Maracaïbo*, ville maritime sur le golfe de ce nom.

§ 158. République du Pérou.

X. La république du Pérou est au sud de la république de l'Équateur.

Sa population est de 2 millions d'hab.

Villes remarq. : 1° *Lima*, capitale, près des côtes du Grand Océan ; 2° *Cuzco*, sur un plateau près du lac Titicaca.

§ 159. République de Bolivie.

XI. La république de Bolivie s'étend au sud du Pérou.

Sa population est de 1 million d'hab.

Villes remarq. : 1° *la Plata*, capitale, sur un plateau près des sources de Madeira ; 2° *la Paz*, au sud-est du lac Titicaca.

§ 160. République du Chili.

XII. La république du Chili est au sud de la Bolivie.

Sa population est de 1 million 200,000 hab.

Villes remarq. : 1° *Santiago*, capitale, au centre de la contrée ; 2° *Valparaiso*, port sur le Grand Océan.

§ 161. Patagonie.

XIII. La Patagonie comprend toutes les terres situées au sud du Chili. Elle est habitée par des peuplades indépendantes et très-peu connues.

§ 162. République Argentine ou Établissements de la Plata.

XIV. La république Argentine s'étend au sud de la Bolivie.

La population est de 2 millions d'hab.

Villes remarq. : 1° *Buenos-Ayres*, capitale, port sur la rive droite de la Plata ; 2° *Santa-Fé*, sur le Parana.

§ 163. République de l'Uruguay.

XV. La république de l'Uruguay est à l'est de la république de la Plata.

Sa population s'élève à 350,000 hab.

Ville remarq. : *Montevideo*, port sur la rive gauche du Rio de la Plata.

§ 164. République du Paraguay.

XVI. La république du Paraguay est entre le Brésil et la république de la Plata.

Sa population est de 900,000 hab.

Ville remarq. : l'*Assomption*, sur le Paraguay.

§ 165. Empire du Brésil.

XVII. L'empire du Brésil, l'un des plus vastes du monde, s'étend dans les bassins de l'Amazone, du Saint-François et du Rio de la Plata.

Sa population s'élève à 8 millions d'hab.

Villes remarq. : 1° *Rio-Janeiro*, capitale, bâtie au fond d'une baie avec un des meilleurs ports de l'Amérique ; 2° *Bahia* ou *San-Salvador*, port dans la baie de Tous-les-Saints ; 3° *Pernambouc* ou *Récife*, grand port sur l'Atlantique.

§ 166. Guyane.

XVIII. La Guyane est au nord du Brésil. Elle se divise en trois parties : *Guyane française, Guyane hollandaise, Guyane anglaise.*

1° La Guyane française, qui a 20,000 habitants et pour capitale *Cayenne*, dans une ile près de la côte ;

2° La Guyane hollandaise, qui a une population de 70,000 habitants et pour capitale *Paramaribo*, à l'embouchure du Surinam ;

3° La Guyane anglaise, qui a 100,000 habitants et pour capitale *Stabrock* ou *George-Town*, près de la côte.

———

CHAPITRE X.

OCÉANIE OU MONDE MARITIME.

§ 167. Situation. — Étendue.

L'Océanie comprend l'Australie et toutes les iles ou archipels que renferme le Grand Océan, à l'est de l'ancien et à l'ouest du nouveau continent.

La superficie de cette cinquième partie du monde est de 10 millions de kilom. carrés.

§ 168. Division.

On divise l'Océanie en quatre parties : 1° *La Malaisie*, au nord-ouest ; 2° la *Mélanésie*, au sud-ouest ; la *Micronésie*, au nord ; la *Polynésie*, à l'est.

Nota. Pour la partie descriptive, voir planche VIII.

———

CHAPITRE XI.

FRANCE PHYSIQUE.

§ 169. Superficie. — Dimensions.

La superficie de la France est de 544,000 kilomètres carrés ou 53,452,600 hectares, non compris les îles.

La longueur de la France, du sud au nord, est de 1,000 kilomètres. Sa largeur, de l'est à l'ouest, est de 968 kilomètres. Le développement des côtes de la France est de 2,460 kilomètres, et celui des limites continentales est de 1,700 kilomètres.

§ 170. Mers.

Quatre mers baignent la France :

1° La mer du *Nord* ou *Germanique*, au nord;

2° La mer de la *Manche*, au nord-ouest;

3° L'*océan Atlantique*, à l'ouest;

4° La *Méditerranée*, au sud.

§ 171. Golfes et Baies. -

Les mers qui forment les golfes et les baies sont :

La mer de la Manche, qui creuse :

1° La baie de la *Somme*, à l'est;

2° Le golfe de la *Seine*, à l'ouest de celui de la Somme;

3° La baie de *Saint-Malo*, au nord-est de la presqu'île de Bretagne;

4° La baie de *Saint-Brieuc*, à l'ouest de celle de Saint-Malo.

L'océan Atlantique, qui creuse :

5° Le port et la *rade de Brest*, à l'ouest de la Bretagne;

6° La baie de *Douarnenez*, au sud de la rade de Brest;

7° La baie d'*Audierne*, au sud de la baie de Douarnenez;

8° La baie de *Concarneau*, à l'est de la baie d'Audierne;

9° Le golfe du *Morbihan*, à l'est de la pointe de Quiberon;

10° La baie de *Bourgneuf*, au sud de l'embouchure de la Loire;

11° L'étang d'*Arcachon*, au sud de l'embouchure de la Gironde;

12° Le golfe de *Gascogne*, entre la France et l'Espagne.

La Méditerranée, qui creuse :

13° Le golfe du *Lion*, à l'ouest des bouches du Rhône.

§ 172. Détroit.

Le détroit du *Pas-de-Calais*, qui joint la Manche à la mer du Nord.

§ 173. Iles.

Les principales îles qu'on trouve dans la Manche sont :

1° Les *Rochers du Calvados*, dans le golfe de la Seine;

2° L'île d'*Aurigny*, à l'ouest du cap de la Hague;

3° L'île de *Guernesey*, au sud-ouest d'Aurigny;

4° L'île de *Jersey*, au sud-est de G...ernesey;

Les îles de l'Océan sont :

5° L'île d'*Ouessant*, à l'ouest de la Bretagne;

6° L'île de *Sein*, à l'ouest de la baie de Douarnenez;

7° Les îles *Glenan*, à l'entrée de la baie de Concarneau;

8° L'île de *Groais*, à l'ouest de Quiberon;

9° *Belle-Ile*, au sud de Quiberon;

10° L'île de *Noirmoutier*, à l'entrée de la baie de Bourgneuf;

11° L'île d'*Ieu*, au sud de Noirmoutier;

12° L'île de *Ré*, au nord de la Gironde;

13° L'île d'*Oléron*, au sud de l'île de Ré;

Les îles de la Méditerranée sont :

14° Les îles d'*Hyères*, à l'est des bouches du Rhône;

15° Les îles de *Lérins*, au nord-est des îles d'Hyères;

16° L'île de *Corse*, au sud du golfe de Gênes.

§ 174. Presqu'îles.

Les principales presqu'îles sont :

1° Le *Cotentin*, entre le golfe de la Seine et la baie de Saint-Malo;

2° La presqu'île de *Bretagne*, entre la Manche et l'Océan;

3° La presqu'île ou pointe de *Quiberon*, au sud de la Bretagne.

§ 175. Caps et Pointes.

Les principaux caps sont :

1° Le cap *Grisnez*, en face du détroit du Pas-de-Calais;

2° Le cap d'*Entifer*, au sud-ouest de la baie de la Somme;

3° La pointe de la *Hève*, à l'embouchure de la Seine;

4° Le cap *Barfleur*, au nord-est du Cotentin;

5° Le cap de la *Hague*, au nord-ouest du Cotentin;

6° Le cap *Sillon*, au nord de la presqu'île de Bretagne;

7° Le cap *Saint-Matthieu*, à l'ouest de la Bretagne;

8° Le cap *Penmarck*, entre les baies d'Audierne et de Concarneau;

9° La pointe du *Croisic*, à l'est de la Vilaine;

10° La pointe *Saint-Gildas*, au sud de la Loire;

11° La pointe de *Coubre*, au nord de la Gironde;

12° La pointe de *Graves*, au sud de la Gironde;

13° Le cap *Cerbera*, au sud du golfe du Lion;

14° Le cap *Sicie*, à l'est des bouches du Rhône;

15° Le cap *Corse*, au nord de l'île de Corse.

§ 176. Chaînes de Montagnes.

Les principales chaînes de montagnes qui parcourent ou limitent la France sont :

1° Les *Alpes*, qui courent du sud au nord entre la France et l'Italie;

2° La chaîne du *Jura*, qui se dirige du sud au nord-est entre la France et la Suisse;

3° La chaîne des *Vosges*, dont la direction est du sud au nord entre la Moselle et le Rhin;

4° Les monts *Faucilles*, qui se détachent des Vosges pour se diriger vers l'ouest;

5° Les monts de *Langres*, qui continuent les Faucilles en allant vers le sud-ouest;

6° Les monts de la *Côte-d'Or*, qui font suite aux monts de Langres en conservant la même direction;

7° Les monts du *Horvan* et du *Nivernais*, qui se détachent de la Côte-d'Or pour courir vers l'ouest;

8° Les monts d'*Arrée*, qui parcourent la Bretagne de l'est à l'ouest;

9° Les *Cévennes*, qui longent la Saône et le Rhône du nord au sud, et qui s'inclinent ensuite vers le sud-ouest jusqu'au col de Narouze;

10° Les monts d'*Auvergne*, qui se détachent

des Cévennes pour courir du sud au nord ;

11° Les monts du *Limousin*, qui vont de l'est à l'ouest, en quittant les monts d'Auvergne ;

12° Les monts *Forez*, autre rameau des Cévennes, qui courent du sud au nord, entre Loire et Allier ;

13° Les *Pyrénées*, entre le golfe de Gascogne à l'ouest et le golfe du Lion à l'est.

§ 177. **Division de la France en versants.**

Le territoire de la France forme quatre *versants* :

1° Le versant de la *mer du Nord ;*

2° Le versant de la *mer de la Manche ;*

3° Le versant de l'*océan Atlantique ;*

4° Le versant de la mer *Méditerranée.*

§ 178. **Division des versants en bassins.**

Le versant de la mer du Nord forme trois bassins :

Le bassin de l'*Escaut*, le bassin de la *Meuse* et le bassin du *Rhin*.

§ 179. **Bassin de l'Escaut.**

Ceinture. —1° Les collines de l'Artois, au sud-ouest ; 2° le plateau de Saint-Quentin, au sud ; 3° les collines de Belgique, au sud-est et à l'est.

Cours d'eau. — 1° L'*Escaut*, qui sort du plateau de Saint-Quentin ; 2° le *Lys*, affluent de droite qui descend des collines de l'Artois ; 3° la *Scarpe*, autre affluent de droite qui sort des mêmes collines.

§ 180. **Bassin de la Meuse.**

Ceinture. — 1° L'Ardenne occidentale ; 2° l'Argonne occidentale ; 3° l'Argonne orientale ; 4° l'Ardenne orientale.

Cours d'eau. — 1° La *Meuse*, qui naît à la jonction des monts de Langres et des Faucilles ; 2° la *Sambre*, affluent de gauche qui sort du plateau de Saint-Quentin.

§ 181. **Bassin du Rhin.**

Ceinture. —1° Ardenne orientale ; 2° Argonne orientale ; 3° monts Faucilles ; 4° les Vosges ; 5° le col de Valdieu ; 6° le Jura ; 7° le Jorat ; 8° les Alpes bernoises ; 9° le groupe du Saint-Gothard.

Cours d'eau. — 1° Le *Rhin*, qui arrose

la France pendant 40 lieues ; 2° l'*Ill*, affluent de gauche entre les Vosges et le Rhin ; 3° la *Moselle*, autre affluent de gauche qui sort de la jonction des Faucilles et des Vosges ; 4° la *Meurthe*, affluent de la Moselle, rive droite ; 5° la *Saar*, autre affluent de la Moselle et sous-affluent du Rhin.

§ 182. **Versant de la mer de la Manche.**

Le versant de la mer de la Manche forme les bassins de la *Somme*, de la *Seine*, de l'*Orne* et de la *Rance*.

§ 183. **Bassin de la Somme.**

Ceinture. — 1° Les collines de l'Artois ; 2° le plateau de Saint Quentin ; 3° les collines de Picardie ; 4° les collines du pays de Caux.

Cours d'eau. — La *Somme*, qui sort du plateau de Saint-Quentin.

§ 184. **Bassin de la Seine.**

Ceinture. — 1° Les collines du pays de Caux ; 2° les collines de Picardie ; 3° le plateau de Saint-Quentin ; 4° l'Ardenne occidentale ; 5° l'Argonne occidentale ; 6° les monts de Langres ; 7° la Côte-d'Or ; 8° les monts du Morvan et du Nivernais ; 9° le plateau d'Orléans ; 10° la plaine de la Beauce ; 11° les monts du Perche ; 12° les collines du Lieuvin.

Cours d'eau. — 1° La *Seine*, qui sort de la Côte-d'Or ;

Affluents de droite : 2° l'*Oise*, qui naît dans l'Ardenne ; 3° l'*Aisne*, qui sort de l'Argonne pour se jeter dans l'Oise ; 4° la *Marne*, qui descend des monts de Langres ; 5° l'*Aube*, qui prend sa source dans la Côte-d'Or.

Affluents de gauche : 6° l'*Yonne*, qui vient des monts du Morvan et du Nivernais ; 7° l'*Armençon*, qui se jette dans l'Yonne ; 8° l'*Eure*, qui sort des monts du Perche ; 9° l'*Iton*, affluent de l'Eure.

§ 185. **Bassin de l'Orne.**

Ceinture. —1° Les collines du Lieuvin ; 2° les monts du Perche ; 3° les collines de Normandie ; 4° les collines du Cotentin.

Cours d'eau. — 1° L'*Orne*, qui naît dans les monts du Perche ; 2° la *Vire*, qui sort des collines de Normandie.

§ 186. **Bassin de la Rance.**

Ceinture. — 1° Les collines du Cotentin ;

2° les collines du Maine : 3° les collines de Bretagne ; 4° les monts d'Arrée.

Cours d'eau. —1° Le *Couesnon*, qui sort des collines du Maine ; 2° la *Rance*, qui naît dans les monts d'Arrée.

§ 187. **Versant de l'océan Atlantique.**

Le versant de l'océan Atlantique forme les bassins de la *Vilaine*, de la *Loire*, de la *Charente*, de la *Garonne* et de l'*Adour*.

§ 188. **Bassin de la Vilaine.**

Ceinture. — 1° Les monts d'Arrée ; 2° les collines de Bretagne ; 3° les collines du Maine.

Cours d'eau. — 1° L'*Aulne*, qui coule entre les monts d'Arrée et les montagnes Noires ; 2° le *Blavet*, qui sort des monts d'Arrée pour couler vers le sud ; 3° la *Vilaine*, qui part de la jonction des collines du Maine et de Bretagne ; 4° l'*Ille*, affluent de droite de la Vilaine.

§ 189. **Bassin de la Loire.**

Ceinture. — 1° Les collines du Maine ; 2° les collines de Normandie ; 3° les monts du Perche ; 4° la plaine de la Beauce ; 5° la forêt d'Orléans ; 6° les monts du Nivernais et du Morvan ; 7° la Côte-d'Or ; 8° les Cévennes septentrionales ; 9° les monts d'Auvergne ; 10° les monts du Limousin ; 11° le plateau de Gâtine.

Cours d'eau. — 1° La *Loire*, qui sort du gerbier des joncs (Cévennes).

Affluents de droite : 2° L'*Erdre*, qui descend des collines du Maine ; 3° la *Mayenne*, qui descend des collines du Maine ; 4° la *Sarthe*, qui naît dans les monts du Perche ; 5° le *Loir*, qui se jette dans la Sarthe ; 6° la *Maine*, formée de la Mayenne, de la Sarthe et du Loir ; 7° la *Nièvre*, qui sort des monts du Nivernais.

Affluents de gauche : 8° l'*Allier*, qui naît dans les Cévennes pour couler vers le nord ; 9° le *Loiret*, qui n'a que quelques kilomètres de cours ; 10° le *Cher*, qui vient des monts du Limousin ; 11° l'*Indre*, qui débouche dans la Loire au-dessous du confluent du Cher ; 12° la *Vienne*, qui descend des monts du Limousin ; 13° la *Creuse*, affluent de droite de la Vienne ; 14° la *Sèvre nantaise*, qui naît dans le plateau de Gâtine.

§ 190. **Bassin de la Charente.**

Ceinture. —1° Plateau de Gâtine ; 2° collines du Périgord ; 3° collines de Saintonge.

Cours d'eau. — 1° La *Charente*, qui sort de la jonction des collines du Périgord et des monts du Limousin ; 2° la *Sèvre niortaise*, qui sort du plateau de Gâtine ; 3° la *Vendée*, affluent de droite de la Sèvre niortaise.

§ 191. Bassin de la Garonne.

Ceinture. — 1° Les collines de Saintonge ; 2° les collines du Périgord ; 3° les monts du Limousin ; 4° les monts d'Auvergne ; 5° les Cévennes méridionales ; 6° les Corbières occidentales ; 7° les Pyrénées centrales ; 8° les monts de Bigorre ; 9° les monts de l'Armagnac ; 10° les collines du Bordelais.

Cours d'eau. — 1° La *Garonne*, qui descend du val d'Aran et qui prend le nom de Gironde en se réunissant à la Dordogne.

Affluents de droite : 2° la *Dordogne*, qui sort des monts d'Auvergne ; 3° l'*Isle*, affluent de la Dordogne ; 4° la *Vézère*, qui descend des monts du Limousin pour se jeter dans la Dordogne, après avoir reçu : 5° là *Corrèze* ; 6° le *Lot*, qui sort du mont Lozère ; 7° le *Tarn*, qui a sa source à côté de celle du Lot ; 8° l'*Aveyron*, affluent du Tarn, rive droite ; 9° l'*Ariége*, qui sort de la jonction des Corbières avec les Pyrénées.

Affluent de gauche : 10° Le *Gers*, qui coule du sud au nord.

§ 192. Bassin de l'Adour.

Ceinture. — 1° Les collines du Bordelais ; 2° les monts de l'Armagnac ; 3° les Pyrénées occidentales.

Cours d'eau. — 1° L'*Adour*, qui naît dans les monts de Bigorre ; 2° le gave de Pau, affluent de gauche de l'Adour.

§ 193. Versant de la Méditerranée.

Le versant de la Méditerranée forme les bassins de l'*Aude* et de l'*Hérault*, du *Rhône* et du *Var*.

§ 194. Bassin de l'Aude et de l'Hérault.

Ceinture.— 1° Les Cévennes méridionales ; 2° les Corbières occidentales ; 3° les Pyrénées orientales.

Cours d'eau. — 1° L'*Aude*, qui sort des Pyrénées orientales pour couler vers le nord et vers l'est ; 2° l'*Hérault*, qui naît dans les Cévennes méridionales.

§ 195. Bassin du Rhône.

Ceinture. — 1° Les Cévennes septentrionales ; 2° les monts de la Côte-d'Or ; 3° les monts de Langres ; 4° les monts Fancilles ; 5° le col de Valdieu ; 6° la chaîne du Jura ; 7° le Jorat ; 8° les Alpes bernoises ; 9° le groupe du Saint-Gothard : 10° les Alpes occidentales ; 11° les Alpes de Provence.

Cours d'eau. — 1° Le *Rhône* qui sort des glaciers du Saint-Gothard (Suisse) et traverse le lac de Genève.

Affluents de droite : 2° le *Gard*, qui descend des Cévennes ; 3° l'*Ardèche*, qui sort de la même chaîne ; 4° la *Saône*, qui vient des monts Fancilles pour joindre le Rhône à Lyon ; 5° l'*Ouche*, affluent de droite de la Saône ; 6° le *Doubs*, qui sort du Jura pour se rendre dans la Saône ; 7° l'*Ain*, qui vient du Jura pour couler vers le sud.

Affluents de gauche : 8° l'*Isère*, qui naît dans les Alpes occidentales (Savoie), pour couler vers l'ouest ; 9° la *Drôme*, qui prend sa source dans un rameau des Alpes (Dauphiné), pour couler vers l'ouest ; 10° la *Durance*, qui descend des *Alpes* pour couler vers le sud et vers l'ouest.

§ 196. Bassin du Var.

Ceinture. — 1° Les Alpes de Provence ; 2° les Alpes maritimes.

Cours d'eau. — Le *Var*, qui sort du mont Caméléoné dans les Alpes maritimes pour couler vers le sud.

§ 197. Lacs. — Étangs.

1° Le lac du *Grandlieu*, près de l'embouchure de la Loire, rive gauche ;

2° L'étang de *Carcan*, près de la côte de l'Océan au sud de la Gironde ;

3° L'étang de la *Canau*, au sud du précédent ;

4° L'étang de *Sanguinet*, au sud de celui de la Canau ;

5° L'étang de *Leucate*, au nord du cap Cervera ;

6° L'étang de *Sigean*, au nord de celui de Leucate ;

7° L'étang de *Thau*, entre le Rhône et l'Hérault ;

8° L'étang de *Valcarès*, dans l'île de la Camargue ;

9° L'étang de *Berre*, à l'est du Rhône.

Nota. Les élèves dessineront sur l'ardoise ou sur le papier les signes géographiques de chaque paragraphe. Ils feront le tracé de chaque bassin successivement, et lorsqu'ils seront assez avancés pour assembler, ils dessineront une carte complète.

———

CHAPITRE XII.

FRANCE POLITIQUE.

§ 198. Limites.

La France a pour limites : au nord, la mer du Nord, la Belgique, le grand-duché de Luxembourg, la Prusse et la Bavière rhénane ; à l'est, le grand-duché de Bade, la Suisse et l'Italie ; au sud, la Méditerranée et l'Espagne ; à l'ouest, l'océan Atlantique et la mer de la Manche.

§ 199. Population.— Races.— Religions.

Les *Français*, au nombre de 36 millions, dérivent des *Gaulois*, des *Romains*, des *Francs* et des *Bourguignons*. Ils marchent à la tête de la civilisation et dominent le monde par les idées. Leurs ouvrages d'art et leurs modes se distinguent par la forme et le goût.

33 millions 500 mille Français professent la religion catholique ; le reste appartient à la religion protestante ou à la religion juive.

§ 200. Ancienne division de la France.

Avant la révolution de 1789, la France était divisée en 32 provinces ou gouvernements, savoir :

Dans les versants de la mer du Nord et de la Manche :

1° L'*Alsace*, capitale *Strasbourg*, sur l'Il, était située entre les Vosges et le Rhin :

2° La *Lorraine*, capitale *Nancy*, sur la Meurthe, s'étendait à l'ouest de l'Alsace, dans les bassins de la Meuse et de la Moselle ;

3° La *Champagne*, capitale *Troyes*, sur la Seine, occupait la partie orientale du bassin de la Seine et une portion du bassin de la Meuse ;

4° La *Flandre*, capitale *Lille*, sur un petit affluent de la Lys, était située dans le bassin de l'Escaut ;

5° L'*Artois*, capitale *Arras*, sur la Scarpe, était dans les bassins de l'Escaut et de la Somme, au sud de la Flandre ;

6° La *Picardie*, capitale *Amiens*, sur la Somme, s'étendait dans le bassin de la Somme;

7° L'*Ile-de-France*, capitale *Paris*, sur la Seine, occupait le centre du bassin de la Seine;

8° La *Normandie*, capitale *Rouen*, sur la Seine, s'étendait le long de la Manche, dans les bassins de la Somme, de la Seine et de l'Orne.

Dans le versant de l'Atlantique :

9° La *Bretagne*, capitale *Rennes*, sur la Vilaine, comprenait la presqu'île de ce nom et la partie inférieure du bassin de la Loire;

10° L'*Anjou*, capitale *Angers*, était dans le bassin de la Loire, à l'est de la Bretagne;

11° Le *Maine*, capitale *le Mans*, était au sud de la Normandie;

12° La *Touraine*, capitale *Tours*, sur la Loire, était à l'est de l'Anjou;

13° L'*Orléanais*, capitale *Orléans*, sur la Loire, s'étendait au sud de l'Ile-de-France;

14° Le *Nivernais*, capitale *Nevers*, sur la Loire, était à l'est de l'Orléanais;

15° Le *Bourbonnais*, capitale *Moulins*, sur l'Allier, était au sud du Nivernais;

16° Le *Berry*, capitale *Bourges*, sur un affluent du Cher, était à l'ouest du Bourbonnais;

17° Le *Poitou*, capitale *Poitiers*, sur un affluent de la Vienne, était à l'ouest du Berry;

18° L'*Aunis*, capitale *la Rochelle*, port de mer, et la *Saintonge*, capitale *Saintes*, sur la Charente, étaient au sud et à l'ouest du Poitou;

19° L'*Angoumois*, capitale *Angoulême*, sur la Charente, était à l'est et au nord de la Saintonge;

20° Le *Limousin*, capitale *Limoges*, sur la Vienne, s'étendait dans les bassins de la Loire et de la Garonne, au sud de la Marche;

21° La *Marche*, capitale *Guéret*, sur la Creuse, était au sud du Berry;

22° L'*Auvergne*, capitale *Clermont-Ferrand*, bâtie au pied du Puy-de-Dôme, s'étendait au sud du Bourbonnais;

23° La *Guyenne*, capitale *Bordeaux*, sur la Garonne et la *Gascogne*, capitale

Auch, sur le Gers, s'étendaient dans le bassin de la Garonne, au sud de la Saintonge, de l'Angoumois et du Limousin;

24° Le *Béarn*, capitale *Pau*, sur un affluent de l'Adour, était entre l'Adour et les Pyrénées;

25° Le *comté de Foix*, capitale *Foix*, sur l'Ariége, se trouvait dans la partie sud-est du bassin de la Garonne;

26° Le *Languedoc*, capitale *Toulouse*, sur la Garonne, était une grande province qui occupait une partie des bassins de la Garonne, de la Loire, et du Rhône, et le bassin de l'Hérault.

§ 201. **Provinces du versant de la Méditerranée.**

27° Le *Roussillon*, capitale *Perpignan*, près de la Méditerranée, se trouvait entre l'Aude et les Pyrénées;

28° La *Franche-Comté*, capitale *Besançon*, sur le Doubs, occupait la partie nord-est du bassin de la Saône;

29° La *Bourgogne*, capitale *Dijon*, sur un affluent de la Saône, s'étendait dans les bassins de la Seine, de la Loire et du Rhône;

30° Le *Lyonnais*, capitale *Lyon*, sur le Rhône, se trouvait dans les bassins du Rhône et de la Loire;

31° Le *Dauphiné*, capitale *Grenoble*, sur l'Isère, était entre le Rhône et les Alpes;

32° La *Provence*, capitale *Aix*, était au sud du Dauphiné, entre les Alpes, le Rhône et la Méditerranée;

Le *comté d'Avignon*, capitale *Avignon*, appartenait au pape, et se trouvait entre le Rhône, le Dauphiné et la Provence;

L'*île de Corse*, capitale *Ajaccio*, était au sud du golfe de Gênes, à 280 kilomètres de la France.

Nota. Les élèves font des tracés par bassins, et indiquent la situation des provinces et leur capitale.

NOUVELLE DIVISION DE LA FRANCE
EN DÉPARTEMENTS.

Depuis la révolution de 1789, on a divisé la France en 86 départements.

§ 202. **Dans les versants de la mer du Nord et de la Manche :**

I. L'Alsace a formé 2 départements : *Haut-Rhin* et *Bas-Rhin*.

Le département du *Haut-Rhin* occupe la partie sud de l'Alsace, et a pour chef-lieu *Colmar*, près de l'Ill. Villes remarquables : *Altkirch*, Mulhouse, *Belfort*.

Le département du *Bas-Rhin*, chef-lieu *Strasbourg*, sur l'Ill et près du Rhin. Villes remarq. : *Schelestadt*, *Saverne*, *Wissembourg*.

II. La Lorraine a formé 4 départements : *Vosges*, *Meurthe*, *Moselle* et *Meuse*.

Le département des *Vosges* occupe la partie sud de la Lorraine, et a pour chef-lieu *Épinal*, sur la Moselle. Villes remarq. : *Saint-Dié*, *Remiremont*, *Mirecourt*, *Neufchâteau*.

Le département de la *Meurthe* est au nord de celui des Vosges : chef-lieu *Nancy*, sur la Meurthe. Villes remarq. : *Lunéville*, *Sarrebourg*, *Château-Salins*, *Toul*.

Le département de la *Moselle* occupe la partie nord de la Lorraine : chef-lieu *Metz*, place forte, sur la Moselle. Villes remarq. : *Briey*, *Thionville*, *Sarreguemines*.

Le département de la *Meuse* est à l'ouest de la Meurthe et de la Moselle : chef-lieu *Bar-le-Duc*, sur l'Ornain, affluent de la Marne. Villes remarq. : *Commercy*, *Verdun*, *Montmédy*.

III. La Champagne a formé 4 départements : *Ardennes*, *Marne*, *Haute-Marne*, *Aube*.

Le département des *Ardennes* occupe la partie nord de la Champagne : chef-lieu *Mézières*, sur la Meuse. Villes remarq. : *Rocroy*, *Sedan*, *Vouziers*, *Rethel*.

Le département de la *Marne* prend le centre de la Champagne : chef-lieu *Châlons-sur-Marne*. Villes remarq. : *Épernay*, *Reims*, *Sainte-Menehould*, *Vitry-le-Français*.

Le département de la *Haute-Marne* est à l'ouest des Vosges : chef-lieu *Chaumont*, sur la Marne. Villes remarq. : *Langres*, *Vassy*, *Saint-Dizier*.

Le département de l'*Aube* est à l'ouest de la Haute-Marne : chef-lieu *Troyes*, ancienne capitale, sur la Seine. Villes remarq. : *Arcis-sur-Aube*, *Bar-sur-Aube*, *Bar-sur-Seine*, *Nogent-sur-Seine*.

IV. La Flandre a formé le département du *Nord*.

Le département du *Nord* s'étend dans le bassin de l'Escaut : chef-lieu *Lille* , sur un affluent de la Lys, ancienne capitale et place forte. Villes remarq. : *Dunkerque*, port de mer, *Hazebrouck, Douai, Valenciennes, Cambrai, Avesnes*, Roubaix, Turcoing.

V. L'Artois a formé le *Pas-de-Calais*.

Le département du *Pas-de-Calais* est au sud du départ. du Nord : chef-lieu *Arras*, ancienne capitale, place forte sur la Scarpe. Villes remarq. : *Calais* et *Boulogne*, ports de mer, *Béthune, Saint-Pol. Montreuil, Saint-Omer*.

VI. La Picardie a formé le département de la *Somme*.

Le département de la *Somme* est au sud du Pas-de-Calais : chef-lieu *Amiens*, sur la Somme, ancienne capitale. Villes remarq. : *Abbeville, Péronne, Montdidier, Doullens*.

VII. L'Ile-de-France a formé 5 départements : *Aisne, Oise, Seine, Seine-et-Marne, Seine-et-Oise.*

Le département de l'*Aisne* occupe le nord de l'Ile-de-France : chef-lieu *Laon*, entre l'Oise et l'Aisne. Villes remarq. : *Saint-Quentin, Vervins, Soissons, Château-Thierry.*

Le département de l'*Oise* est à l'ouest de celui de l'Aisne : chef-lieu *Beauvais*, sur un affluent de l'Oise. Villes remarq. *Clermont, Senlis, Compiègne.*

Le département de la *Seine* est au centre de l'Ile-de-France : chef-lieu *Paris*, sur la Seine, capitale de tout l'empire, et la plus belle ville du monde. Villes remarq. : *Saint-Denis, Sceaux*, les Batignolles-Monceaux, Montmartre, la Villette, Belleville, Neuilly, Passy, etc.

Le département de *Seine-et-Marne* occupe la partie est de l'Ile-de-France : chef-lieu *Melun*, sur la Seine. Villes remarq. : *Coulommiers, Fontainebleau, Meaux, Provins.*

Le département de *Seine-et-Oise* est au sud de l'Oise : chef-lieu *Versailles*, bâtie sur une colline, près de Paris. Villes remarq. : *Mantes, Pontoise, Corbeil, Étampes, Rambouillet.*

VIII. La Normandie a formé 5 départements : *Seine-Inférieure, Eure, Calvados, Orne, Manche.*

Le département de la *Seine-Inférieure* est au sud-ouest de celui de la Somme : chef-lieu *Rouen*, ancienne capitale, sur la Seine. Villes remarq. : *le Havre, Dieppe* et *Fécamp*, ports de mer, sur la Manche; *Neufchâtel, Yvetot*, Elbeuf, Bolbec.

Le département de l'*Eure* est au sud de la Seine-Inférieure : chef-lieu *Évreux*, sur un affluent de l'Eure. Villes remarq. : *les Andelys, Bernay, Louviers, Pont-Audemer.*

Le département du *Calvados* est à l'ouest de celui de l'Eure : chef-lieu *Caen*, sur l'Orne, près de la mer. Villes remarq. : *Bayeux, Falaise, Lisieux, Pont-l'Évêque, Vire*, Honfleur, port de mer.

Le département de l'*Orne* est au sud du Calvados : chef-lieu *Alençon*, sur la Sarthe. Villes remarq. : *Argentan, Domfront, Mortagne.*

Le département de la *Manche* occupe la partie ouest de la Normandie : chef-lieu *Saint-Lô*, sur la Vire. Villes remarq. : *Cherbourg*, port de mer; *Avranches, Coutances, Mortain, Valognes* et Grandville.

§ 203. **Dans le versant de l'Océan Atlantique.**

IX. La Bretagne a formé 5 départements : *Ille-et-Vilaine, Côtes-du-Nord, Finistère, Morbihan, Loire-Inférieure.*

Le département d'*Ille-et-Vilaine* est au sud de celui de la Manche : chef-lieu *Rennes*, ancienne capitale, sur la Vilaine. Villes remarq. : *Saint-Malo*, port de mer; *Fougères, Montfort, Redon, Vitré.*

Le département des *Côtes-du-Nord* occupe la partie nord de la Bretagne : chef-lieu *Saint-Brieuc*, près du golfe de ce nom. Villes remarq. : *Dinan, Guingamp, Lannion, Loudéac.*

Le département du *Finistère* prend la partie occidentale de la Bretagne : chef-lieu *Quimper*, sur l'Odet. Villes remarq. : *Morlaix, Brest*, port de mer, *Chateaulin, Quimperlé.*

Le département du *Morbihan* est au sud des Côtes-du-Nord : chef-lieu *Vannes*, sur le golfe du Morbihan. Villes remarq. : *Lorient*, port de mer; *Napoléonville, Ploermel.*

Le département de la *Loire-Inférieure* est au sud d'Ille-et-Vilaine : chef-lieu *Nantes*, sur la Loire. Villes remarq. : *Châteaubriant, Ancenis, Savenay, Paimbœuf.*

X. L'Anjou a formé le département de *Maine-et-Loire.*

Le département de *Maine-et-Loire* est à l'est de celui de la Loire-Inférieure : chef-lieu *Angers*, sur la Maine. Villes remarq. : *Beaugé, Beaupréau, Saumur. Ségré.*

XI. Le Maine a formé 2 départements : *Mayenne et Sarthe.*

Le département de la *Mayenne* est au nord de Maine-et-Loire : chef-lieu *Laval*, sur la Mayenne. Villes remarq. : *Mayenne, Châteaugontier.*

Le département de la *Sarthe* est au sud de celui de l'Orne : chef-lieu *le Mans*, sur la Sarthe. Villes remarq. : *La Flèche, Mamers, Saint-Calais.*

XII. La Touraine a formé le département d'*Indre-et-Loire.*

Le département d'*Indre-et-Loire* est au sud de celui de la Sarthe : chef-lieu *Tours*, sur la Loire, près du confluent du Cher. Villes remarq. : *Loches, Chinon*. Amboise.

XIII. L'Orléanais a formé 3 départements : *Loir-et-Cher, Eure-et-Loir*, et *Loiret.*

Le département de *Loir-et-Cher* est à l'est de celui d'Indre-et-Loire : chef-lieu *Blois*, sur la Loire. Villes remarq. : *Vendôme, Romorantin.*

Le département d'*Eure-et-Loir* est à l'est de celui de l'Orne : chef-lieu *Chartres*, sur l'Eure. Villes remarq. : *Châteaudun, Dreux, Nogent-le-Rotrou.*

Le département du *Loiret* est au sud de Seine-et-Oise et Seine-et-Marne : chef-lieu *Orléans*, sur la Loire, près du confluent du Loiret. Villes remarq. : *Gien, Pithiviers, Montargis.*

XIV. Le Nivernais a formé le département de la *Nièvre.*

Le département de la *Nièvre* est au sud de celui de l'Yonne : chef-lieu *Nevers*, sur la Loire, au confluent de la Nièvre. Villes remarq. : *Cosne, Château-Chinon, Clamecy.*

XV. Le Bourbonnais a formé le département de l'*Allier.*

Le département de l'*Allier* est au sud de celui de la Nièvre : chef-lieu *Moulins*, sur l'Allier. Villes remarq. : *Gannat, Montluçon, la Palisse.*

XVI. Le Berry a formé 2 départements : *Cher* et *Indre.*

Le département du *Cher* est à l'ouest de celui de la Nièvre : chef-lieu *Bourges*, sur un affluent du Cher. Villes remarq. : *Saint-Amand, Sancerre.*

Le département de l'*Indre* est à l'ouest de celui du Cher : chef-lieu *Châteauroux*, sur l'Indre. Villes remarq. : *Le Blanc, la Châtre, Issoudun.*

XVII. Le Poitou a formé 3 départements : *Vienne, Deux-Sèvres, Vendée.*

Le département de la *Vienne* est à l'ouest de celui de l'Indre : chef-lieu *Poitiers*, sur un affluent de la Vienne. Villes remarq. : *Loudun, Châtellerault, Civray, Montmorillon.*

Le département des *Deux-Sèvres* est à l'ouest de celui de la Vienne : chef-lieu *Niort*, sur la Sèvre niortaise. Villes remarq. *Bressuire, Parthenay, Melle.*

Le département de la *Vendée* est à l'ouest de celui des Deux-Sèvres : chef-lieu *Napoléon-Vendée*, sur la petite rivière d'Yon. Villes remarq. : *Fontenay-le-Comte, les Sables-d'Olonne.*

XVIII. L'Aunis et la Saintonge ont formé le département de la *Charente-Inférieure.*

Le département de la *Charente-Inférieure* est au sud de celui des Deux-Sèvres : chef-lieu *la Rochelle*, port de mer, en face de l'île de Ré. Villes remarq. : *Saint-Jean-d'Angély, Rochefort, Saintes, Marennes, Jonzac.*

XIX. L'Angoumois a formé le département de la *Charente.*

Le département de la *Charente* est au sud de celui de la Vienne : chef-lieu *Angoulême*, sur la Charente. Villes remarq. : *Confolens, Ruffec, Cognac, Barbezieux.*

XX. Le Limousin a formé 2 départements : *Haute-Vienne et Corrèze.*

Le département de la *Haute-Vienne* est au sud-est de celui de la Vienne : chef-lieu *Limoges*, sur la Vienne. Villes remarq. : *Bellac, Rochechouart, Saint-Yrieix.*

Le département de la *Corrèze* est au sud-est de celui de la Haute-Vienne : chef-lieu *Tulle*, sur la Corrèze. Villes remarq. : *Brives, Ussel.*

XXI. La Marche a formé le département de la *Creuse.*

Le département de la *Creuse* est au sud de celui de l'Indre : chef-lieu *Guéret*, près de la Creuse. Villes remarq. : *Boussac, Aubusson, Bourganeuf.*

XXII. L'Auvergne a formé 2 départements : *Puy-de-Dôme, Cantal.*

Le département du *Puy-de-Dôme* est au sud de celui de l'Allier : chef-lieu *Clermont-Ferrand*, au pied du Puy-de-Dôme. Villes remarq. : *Riom, Thiers, Ambert, Issoire.*

Le département du *Cantal* est à l'ouest de celui de la Haute-Loire : chef-lieu *Aurillac*, dans un vallon qu'arrose la Jordane. Villes remarq. *Mauriac, Murat, Saint-Flour.*

XXIII. La Guyenne et la Gascogne ont formé 9 départements : *Gironde, Dordogne, Lot-et-Garonne, Lot, Aveyron, Tarn-et-Garonne, Gers, Landes, Hautes-Pyrénées.*

Le département de la *Gironde* est au sud de celui de la Charente-Inférieure : chef-lieu *Bordeaux*, port sur la Garonne. Villes remarq. : *Blaye, Lesparre, Libourne, la Réole, Bazas.*

Le département de la *Dordogne* est au sud de celui de la Haute-Vienne : chef-lieu *Périgueux*, sur l'Isle. Villes remarq. : *Nontron, Ribérac, Bergerac, Sarlat.*

Le département de *Lot-et-Garonne* est au sud de celui de la Dordogne : chef-lieu *Agen*, sur la Garonne. Villes remarq. : *Villeneuve-sur-Lot, Marmande, Nérac.*

Le département du *Lot* est à l'est de celui du Lot-et-Garonne : chef-lieu *Cahors*, sur le Lot. Villes remarq. : *Gourdon, Figeac.*

Le département de l'*Aveyron* est au sud de celui du Cantal : chef-lieu *Rodez*, sur l'Aveyron. Villes remarq : *Espalion, Villefranche, Milhau, Sainte-Affrique.*

Le département de *Tarn-et-Garonne* est au sud de celui du Lot : chef-lieu *Montauban*, sur le Tarn. Villes remarq. : *Moissac, Castel-Sarrasin.*

Le département du *Gers* est au sud de celui de Lot-et-Garonne : chef-lieu *Auch*, sur le Gers. Villes remarq. : *Condom, Lectoure, Mirande, Lombez.*

Le département des *Landes* est à l'ouest de celui du Gers : chef-lieu *Mont-de-Marsan*, sur la Midouze. Villes remarq. : *Dax, Saint-Sever.*

Le département des *Hautes-Pyrénées* est au sud de celui du Gers : chef-lieu *Tarbes*, sur l'Adour. Villes remarq. : *Bagnères-de-Bigorre, Argelès.*

XXIV. Le Béarn a formé les *Basses-Pyrénées.*

Le département des *Basses-Pyrénées* est au sud de celui des Landes : chef-lieu *Pau*, sur le gave de Pau. Villes remarq. : *Bayonne, Orthez, Oloron, Mauléon.*

XXV. Le comté de Foix a formé l'*Ariége.*

Le département de l'*Ariége* est au sud de celui de la Haute-Garonne : chef-lieu *Foix*, sur l'Ariége. Villes remarq. : *Pamiers, Saint-Girons.*

XXVI. Le Languedoc a formé 8 départements : *Haute-Garonne, Tarn, Lozère, Haute-Loire, Ardèche, Gard, Hérault, Aude.*

Le département de la *Haute-Garonne* est à l'est de celui du Gers : chef-lieu *Toulouse*, sur la Garonne. Villes remarq. : *Villefranche, Muret, Saint-Gaudens.*

Le département du *Tarn* est au sud de celui de l'Aveyron : chef-lieu *Alby*, sur le Tarn. Villes remarq. : *Castres, Gaillac, Lavaur.*

Le département de la *Lozère* est à l'est de celui de l'Aveyron : chef-lieu *Mende*, près de la source du Lot. Villes remarq. : *Marvejols, Florac.*

Le département de la *Haute-Loire* est à l'est de celui du Cantal : chef-lieu *le Puy*, près de la Loire. Villes remarq. : *Yssengeaux, Brioude.*

Le département de l'*Ardèche* est à l'est de celui de la Lozère : chef-lieu *Privas*, entre le Rhône et les Cévennes. Villes remarq. : *Tournon, l'Argentière.*

Le département du *Gard* est au sud de celui de l'Ardèche : chef-lieu *Nimes*, au milieu d'une belle plaine. Villes remarq. : *Le Vigan, Alais, Uzès.*

Le département de l'*Hérault* est à l'ouest de celui du Gard : chef-lieu *Montpellier*, près des étangs de Thau. Villes remarq. : *Lodève, Beziers, Saint-Pons.*

Le département de l'*Aude* est au sud de celui du Tarn : chef-lieu *Carcassonne* sur l'Aude. Villes remarq. : *Castelnaudary, Limoux, Narbonne.*

XXVII. Le Roussillon a formé les *Pyrénées-Orientales.*

Le département des *Pyrénées-Orientales* est au sud de celui de l'Aude : chef-lieu *Perpignan*, sur le Tet. Villes remarq. : *Prades, Céret, Port-Vendres.*

XXVIII. La Franche-Comté a formé 3 départements : *Haute-Saône, Doubs, Jura.*

Le département de la *Haute-Saône* est au sud de celui des Vosges : chef-lieu *Vesoul*, sur le Drugeon. Villes remarq. : *Lure, Gray.*

Le département du *Doubs* est au sud-est de celui de la Haute-Saône : chef-lieu *Besançon*, place forte sur le Doubs Villes remarq. : *Beaune-les-Dames*, *Montbéliard, Pontarlier.*

Le département du *Jura* est au sud-ouest de celui du Doubs : chef-lieu *Lons-le Saulnier*, situé sur un affluent de la Saône. Villes remarq. : *Dôle, Poligny, Saint-Claude.*

XXIX. La Bourgogne a formé 4 départements : *Yonne, Côte-d'Or, Saône-et-Loire, Ain.*

Le département de l'*Yonne* est à l'est de celui du Loiret : chef-lieu *Auxerre*, sur l'Yonne. Villes remarq. : *Sens, Joigny, Tonnerre, Avallon.*

Le département de la *Côte-d'Or* est au sud-est de celui de l'Aube : chef-lieu *Dijon* sur l'Ouche. Villes remarq. : *Châtillon-sur-Seine, Semur, Beaune.*

Le département de *Saône-et-Loire* est au sud de celui de la Côte-d'Or : chef-lieu *Mâcon*, sur la Saône. Villes remarq. : *Autun, Chalon-sur-Saône, Charolles, Louhans.*

Le département de l'*Ain* est au sud de celui du Jura : chef-lieu *Bourg*, sur un affluent de la Saône. Villes remarq. : *Nantua, Gex, Belley, Trévoux.*

XXX. Le Lyonnais a formé 2 départements : *Rhône, Loire.*

Le département du *Rhône* est au sud de celui de Saône-et-Loire : chef-lieu *Lyon*, sur le Rhône au confluent de la Saône. Ville remarq. : *Villefranche.*

Le département de la *Loire* est à l'ouest de celui du Rhône : chef-lieu *Saint-Étienne*, sur le Furens. Villes remarq. : *Montbrison, Rouanne.*

XXXI. Le Dauphiné a formé 3 départements : *Isère, Drôme, Hautes-Alpes.*

Le département de l'*Isère* est au sud de celui de l'Ain : chef-lieu *Grenoble*, sur l'Isère. Villes remarq. : *Vienne, la Tour-du-Pin, Saint-Marcellin.*

Le département de la *Drôme* est à l'est de celui de l'Ardèche : chef-lieu *Valence*, sur le Rhône. Villes remarq. : *Die, Montélimart, Nyons.*

Le département des *Hautes-Alpes* est à l'est de celui de la Drôme : chef-lieu *Gap*, au pied des Alpes. Villes remarq. : *Briançon, Embrun.*

Le comté d'Avignon a formé le département de *Vaucluse.*

Le département de *Vaucluse* est au sud de celui de la Drôme : chef-lieu *Avignon*, sur le Rhône. Villes remarq. : *Carpentras, Orange, Apt.*

XXXII. La Provence a formé 3 départements : *Bouches-du-Rhône, Basses-Alpes, Var.*

Le département des *Bouches-du-Rhône* est à l'est de celui du Gard : chef-lieu *Marseille*, port de mer. Villes remarq. : *Aix, Arles*, Tarascon.

Le département des *Basses-Alpes* est au sud de celui des Hautes-Alpes : chef-lieu *Digne*, sur un affluent de la Durance. Villes remarq. : *Barcelonnette, Sisteron, Forcalquier, Castellane.*

Le département du *Var* est à l'est de celui des Bouches-du-Rhône : chef-lieu *Draguignan*, sur un affluent de l'Argens. Villes remarq. : *Grasse, Brignolles, Toulon.*

L'île de Corse a formé le département qui porte son nom : chef-lieu *Ajaccio*, port à l'ouest de l'île. Villes remarq. : *Bastia, Calvi, Corte, Sartène.*

Nota. Les élèves doivent faire des tracés et indiquer les départements formés de chaque province, avec leur chef-lieu.

CHAPITRE XXIII.

§ 204. Cultes.

La religion catholique, apostolique et romaine est professée par la majorité des Français, sous la direction de 15 archevêques, de 66 évêques, de 175 vicaires généraux, de 661 chanoines, de 3,350 curés, de 29,332 curés desservants, de 6,851 vicaires, etc.

La France a, en outre, 4 évêques dans ses possessions hors de l'Europe, savoir : à Alger, à la Martinique, à la Guadeloupe et à l'île de la Réunion.

§ 205. Siéges des Archevêchés.

Les 15 siéges des archevêchés sont : *Paris* (Seine). — *Lyon* (Rhône). — *Rouen* (Seine-Inférieure). — *Sens* (Yonne). — *Reims* (Marne, Ardennes). — *Tours* (Indre-et-Loire). — *Bourges* (Cher, Indre). — *Alby* (Tarn). — *Bordeaux* (Gironde). — *Auch* (Gers). — *Toulouse* (Haute-Garonne). — *Aix* (Bouches-du-Rhône). — *Besançon* (Haute-Saône, Doubs). — *Avignon* (Vaucluse). — *Cambrai* (Nord).

§ 206. Siéges des Évêchés.

Les 66 siéges des évêchés sont : *Chartres* (Eure-et-Loire). — *Meaux* (Seine-et-Marne). — *Orléans* (Loiret). — *Blois* (Loir-et-Cher). — *Versailles* (Seine-et-Oise). — *Autun* (Saône-et-Loire). — *Langres* (Haute-Marne). — *Dijon* (Côte-d'Or). — *Saint-Claude* (Jura). — *Grenoble* (Isère). — *Bayeux* (Calvados). — *Evreux* (Eure). — *Sées* (Orne). — *Coutances* (Manche). — *Troyes* (Aube). — *Nevers* (Nièvre). — *Moulins* (Allier). — *Soissons* (Aisne). — *Châlons* (Marne). — *Beauvais* (Oise). — *Amiens* (Somme). — *Le Mans* (Sarthe). — *Laval* (Mayenne). — *Angers* (Maine-et-Loire). — *Rennes* (Ille-et-Vilaine). — *Nantes* (Loire-Inférieure). — *Quimper* (Finistere). — *Vannes* (Morbihan). — *Saint-Brieuc* (Côtes-du-Nord). — *Clermont* (Puy-de-Dôme). — *Limoges* (Creuse, Haute-Vienne). — *Le Puy* (Haute-Loire). — *Tulle* (Corrèze). — *Saint-Flour* (Cantal). — *Rodez* (Aveyron). — *Cahors* (Lot). — *Mende* (Lozère). — *Perpignan* (Pyrénées-Orientales). — *Agen* (Lot-et-Garonne). — *Angoulème* (Charente). — *Poitiers* (Vienne, Deux-Sèvres). — *Périgueux* (Dordogne). — *La Rochelle* (Charente-Inférieure). — *Luçon* (Vendée). — *Aire* (Landes). — *Bayonne* (Basses-Pyrénées). — *Tarbes* (Hautes-Pyrénées). — *Montauban* (Tarn-et-Garonne). — *Pamiers* (Ariége). — *Carcassonne* (Aude). — *Marseille* (Bouches-du-Rhône). — *Fréjus* (Var). — *Digne* (Basses-Alpes). — *Gap* (Hautes-Alpes). — *Ajaccio* (Corse). — *Strasbourg* (Bas-Rhin, Haut-Rhin). — *Metz* (Moselle). — *Verdun* (Meuse). — *Belley* (Ain). — *Saint-Dié* (Vosges). — *Nancy* (Meurthe). — *Nimes* (Gard). — *Valence* (Drôme). — *Viviers* (Ardèche). — *Montpellier* (Hérault). — *Arras* (Pas-de-Calais).

§ 207. Culte protestant.

La religion protestante se divise en plusieurs branches à la tête desquelles se trouvent des pasteurs, des conseils presbytéraux, des consistoires, des synodes et un conseil central.

§ 208. Culte israélite.

Le culte israélite a un consistoire général, des consistoires départementaux, des grands rabbins et des rabbins communaux.

§ 209. Divisions judiciaires.

La France est divisée en 27 cours impériales, dont les siéges sont : *Agen, Aix, Amiens, Angers, Bastia, Besançon, Bordeaux, Bourges, Caen, Colmar, Dijon, Douai, Grenoble, Limoges, Lyon, Metz, Montpellier, Nancy, Nîmes, Orléans, Paris, Pau, Poitiers, Riom, Rouen, Rennes, Toulouse.*

Il y a 363 tribunaux de première instance, qui siégent aux chefs-lieux d'arrondissement; 2,847 tribunaux de justice de paix, qui siégent aux chefs-lieux de canton, etc.

§ 210. Instruction publique.

Bonaparte, premier consul, fonda l'Université, et la chargea de veiller à l'éducation de toute la France. Ce corps illustre, placé sous la direction du ministre de l'instruction publique, satisfait à tous les besoins. On compte en France 16 académies, qui ont leur siége à *Aix, Bordeaux, Besançon, Caen, Clermont, Dijon, Douai, Grenoble, Lyon, Montpellier, Nancy, Paris, Poitiers, Rennes, Strasbourg, Toulouse.*

§ 211. Divisions militaires.

La France est partagée en vingt et une divisions militaires, dont les chefs-lieux sont : 1° *Paris;* 2° *Rouen;* 3° *Lille;* 4° *Châlons-sur-Marne;* 5° *Metz;* 6° *Strasbourg;* 7° *Besançon;* 8° *Lyon;* 9° *Marseille;* 10° *Montpellier;* 11° *Perpignan;* 12° *Toulouse;* 13° *Bayonne;* 14° *Bordeaux;* 15° *Nantes;* 16° *Rennes;* 17° *Bastia;* 18° *Tours;* 19° *Bourges;* 20° *Clermont-Ferrand;* 21° *Limoges.*

§ 212. Préfectures maritimes.

Sous le rapport maritime la France est divisée en 5 arrondissements ou préfectures, savoir :

Cherbourg, Brest, Lorient, Rochefort, Toulon.

§ 213. Productions agricoles de la France.

Les principaux produits agricoles sont :

Le blé ou froment, le seigle, l'avoine, le fourrage, le vin, le bois, l'élève des animaux domestiques : taureaux, bœufs, vaches, veaux, moutons, brebis, porcs, chèvres, chevaux, mulets, ânes et volailles. Tous ces produits s'élèvent à plus de 7 milliards par an.

§ 214. Industrie.

Les principales industries manufacturières sont :

La bijouterie, l'orfévrerie, les dentelles, les bronzes, la corderie, les tissus de laine et de coton, la coutellerie, la verrerie, les cuirs, la draperie, l'ébénisterie, la gravure, l'horlogerie, la papeterie, la porcelaine, la quincaillerie, les savons, la soierie, les toiles, les vins, etc.

§ 215. Grands centres industriels.

La France excelle dans tous les genres d'industrie, mais surtout dans ceux qui tiennent plus de l'art que du métier. Voici les principales localités qui sont renommées par leurs différents produits :

Armes : Paris, Saint-Étienne, Châtellerault, Tulle.

Bières : Strasbourg, Lyon, Paris, Lille. — *Bijouterie* : Paris. — *Bonneterie* : Paris, Orléans, Nîmes, Marseille, Lyon, Troyes. — *Bougies* : le Mans, Paris. — *Broderies* : Nancy, Metz, Saint-Quentin.

Calicots : Tarare, Alençon, Saint-Quentin, Rouen. — *Châles* : Paris, Nîmes, Lyon, Saint-Quentin. — *Chandelles* : Nancy, Paris, Strasbourg. — *Chapeaux* : Paris, Lyon. — *Cidre* : Normandie, Picardie. — *Confiserie* : Paris, Verdun, Bar-le-Duc, Besançon, Limoges. — *Filatures de coton* : Rouen, Saint-Quentin, Reims, l'Alsace, le département du Nord. — *Cotonnades* : Rouen, Saint-Quentin, Roubaix, Paris. — *Couleurs* : Paris. — *Coutellerie* : Paris, Langres, Châtellerault, Saint-Étienne.

Dentelles : Alençon, Valenciennes, le Puy. — *Draperies* : Louviers, Sedan, Elbeuf, Castres.

Eaux-de-vie : Cognac, Montpellier. — *Ébénisterie* : Paris.

Faïences : Paris, Montereau, Creil. — *Fer forgé* : les Ardennes, la Vienne, la Nièvre. — *Fromages* : Roquefort, Neufchâtel, Troyes, le Jura, le Cantal.

Ganterie : Paris, Grenoble, Lunéville.

Huilerie : la Provence. — *Horlogrrie* : Paris, Besançon.

Liqueurs : Grenoble, Bordeaux.

Orfévrerie : Paris, Strasbourg.

Papiers : Angoulême, Limoges, le département des Vosges. — *Parfumerie* : Grasse.

Quincaillerie : Saint-Étienne, Thiers.

Rubans : Saint-Étienne. — *Raffineries de sucre* : Paris, Bordeaux, Lille, Orléans, Marseille, Nantes, Rouen.

Savons : Paris, Marseille. — *Sellerie et Carrosserie* : Paris, Strasbourg. — *Soies grèges* : le département de l'Ardèche. — *Sucre indigène* : les départements du Nord et du Pas-de-Calais.

Typographie, Lithographie : Paris, Lyon, Avignon, Toulouse, Strasbourg, Tours, Limoges.

Vins : Bordeaux, la Champagne, la Bourgogne, etc.

§ 216. Chemins de fer.

Paris est le grand centre des chemins de fer français. Six grandes lignes partent de cette capitale et se prolongent jusqu'aux frontières ou jusqu'à la mer, savoir :

1° Le chemin de fer du *Nord*, qui passe par Amiens, Arras, Lille et Dunkerque;

2° Le chemin de fer de *Paris à Strasbourg*, par Châlons-sur-Marne, Bar-le-Duc et Nancy;

3° Le chemin de fer de *Paris à Marseille*, par Melun, Dijon, Mâcon, Lyon, Valence et Avignon;

4° Le chemin de fer de *Paris à Bayonne*, par Orléans, Tours, Poitiers, Angoulême et Bordeaux;

5° Le chemin de fer de *Paris à Rennes*, par Chartres, le Mans et Laval;

6° Le chemin de fer de *Paris au Havre*, par Rouen.

Il y a une ligne transversale de Bordeaux à Marseille, par Agen, Toulouse, Carcassonne, Nîmes et Montpellier.

Toutes les autres lignes peuvent être considérées comme des embranchements. (Voir la carte industrielle de la France.)

§ 217. Canaux principaux.

Les principaux canaux que possède la France sont :

1° Le canal du *Midi*, qui joint la Méditerranée à l'Océan par la Garonne;

2° Le canal du *Centre*, qui joint la Saône à la Loire;

3° Le canal de *Bourgogne*, qui joint le Rhône à la Seine par la Saône;

4° Le canal de l'*Est*, qui joint le Rhône au Rhin par le Doubs;

5° Le canal de la *Marne au Rhin*, qui met Paris en communication avec Strasbourg;

6° Le canal des *Ardennes*, qui fait communiquer la Meuse à la Seine par l'Aisne et l'Oise;

7° Le canal de *Saint-Quentin*, qui fait communiquer l'Escaut à la Seine par l'Oise;

8° Le grand canal de *Bretagne*, qui relie Nantes à Brest;

9° Les canaux de *Briare*, d'*Orléans* et du *Loing*, qui joignent la Loire à la Seine, etc.

POSSESSIONS FRANÇAISES

HORS DE L'EUROPE.

§ 218. Algérie.

Situation. — La France possède au nord de l'Afrique une grande contrée qu'on nomme *Algérie*. Elle a pour limites; au nord, la Méditerranée; à l'est, la régence de Tunis; au sud, le Sahara ou grand Désert; à l'ouest, l'empire du Maroc.

Superficie. — La superficie de l'Algérie est de 427,000 kilomètres carrés.

Climat. — Le climat de l'Algérie est tempéré dans le nord. La partie méridionale est très-chaude.

Minéraux. — On trouve en Algérie du fer, du cuivre, du zinc, du vif-argent, de l'arsenic, du plomb argentifère, de l'or et des diamants.

Végétaux. — L'Algérie produit du blé, du seigle, de l'orge, du maïs, des fèves, des pois, des pommes, des poires, des abricots, des pêches, du jujube, des figues, des amandes, des raisins, des olives, des citrons, des oranges, des grenades, des dattes, des pommes de terre, du riz, du tabac, du coton, etc.

Animaux. — Parmi les animaux sauvages qu'on trouve en Algérie, nous citerons : le lion, le tigre, la panthère, la hyène, le chacal, l'ours, le sanglier et le singe.

Les animaux domestiques sont : le bœuf, la vache, le cheval, le chameau, l'âne, le mouton, la brebis, la chèvre, etc.

Population. — La population de l'Algérie est d'environ 3,500,000 habitants.

Races. — Le fond de la population de l'Algérie se compose de *Berbères* ou *Cabailes*, de *Maures* et d'*Arabes*. Quant aux Européens, ils sont au nombre de 150 mille, Français, Espagnols, Maltais et Suisses.

Ce pays est divisé en trois provinces :

1° La province d'Alger, capitale *Alger*, port de mer. Villes rem. : *Blidah*, sous-préfecture; *Cherchell, Tenez, Orléansville, Milianah, Médéah, Aumale.*

2° La province d'Oran, qui occupe la partie occidentale de l'Algérie. Villes rem. : *Oran*, port de mer, chef-lieu de préfecture; *Mostaganem*, sous-préfecture; *Arzeu*, bon port; *Tlemcen, Mascara.*

3° La province de Constantine, qui occupe la partie occidentale de l'Algérie. Villes rem. : *Constantine*, située au centre de la province, chef-lieu de préfecture; *Bône*, sous-préfecture et bon port; *Philippeville*, autre sous-préfecture et port de mer; *La Calle*, port de mer à l'est de la province; *Bougie*, à l'ouest de la province; *Sétif* et *Gualma.*

Les autres possessions françaises sont :

1° En Asie : le gouvernement du *Sénégal*, chef-lieu *Saint-Louis*, comprenant l'île de *Gorée*, dans l'océan Atlantique, près de l'embouchure du Sénégal, etc. — Le gouvernement de l'*Ile de la Réunion*, dans l'océan Indien, chef-lieu *Saint-Denis*; et les îles de *Mayotte* et de *Sainte-Marie*, au nord de Madagascar.

2° En Asie : le gouvernement des établissements français dans les *Indes Orientales*, chef-lieu *Pondichéry*, sur la côte de Coromandel. Villes rem. : *Karikal*, près de Pondichéry; *Mahé*, sur la côte de Malabar, et *Chandernagor*, sur une branche du Gange.

3° En Amérique : le gouvernement de la *Guadeloupe*, chef-lieu la *Basse-Terre*, comprenant les îles de la Guadeloupe, de Marie-Galante, des Saintes, de la Désirade, et les deux tiers de l'île Saint-Martin. — Le gouvernement de la *Martinique*, chef-lieu *Fort-Royal*. — Le gouvernement de la *Guyane française*, chef-lieu *Cayenne*. — Le gouvernement de *Saint-Pierre* et *Miquelon* près de Terre-Neuve, chef-lieu Saint-Pierre.

4° En Océanie : les établissements des îles *Marquises*, de *Taïti* et de la *Nouvelle-Calédonie.*

FIN.

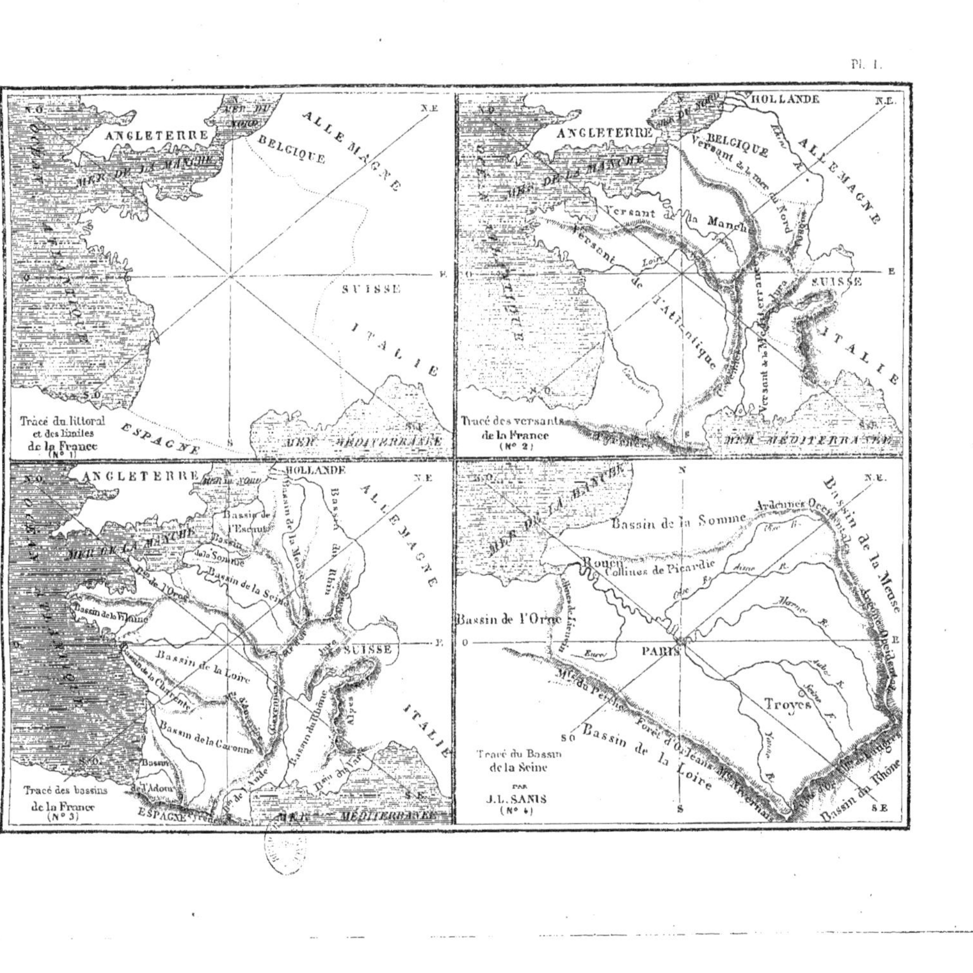

Tracé du Bassin de la Seine par J. L. SANIS (No 4)

LÉGENDE.

INTRODUCTION.
1 De la terre.
2 Forme de la terre.
3 Grandeur de la terre.
Manière de la représenter :
4 Globe terrestre.
5 Cartes géographiques.
6 Atlas.
7 Mappemonde.

POINTS CARDINAUX.
8 Nord ou septentrion.
9 Est, orient ou levant.
10 Sud ou midi.
11 Ouest ou occident.

POINTS COLLATÉRAUX.
12 Nord-est.
13 Sud-est.
14 Sud-ouest.
15 Nord-ouest. (*Fig.* 1.)

POINTS PRINCIPAUX.
16 Pôle nord ou pôle arctique.
17 Pôle sud ou pôle antarctique.

GRANDS CERCLES.
18 L'équateur ou ligne équinoxiale.
19 Les méridiens. (*Fig.* 3.)

PETITS CERCLES.
20 Les parallèles à l'équateur, dont les plus remarquables sont les tropiques et les cercles polaires. (*Fig.* 2, 4 et 5.)

TROPIQUES.
21 Le tropique du Cancer.
22 Le tropique du Capricorne, (*Fig.* 5.)

CERCLES POLAIRES.
23 Le cercle polaire arctique.
24 Le cercle polaire antarctique.

LATITUDES.
25 La latitude nord.
26 La latitude sud. (*Fig.* 2.)

ZONES.
27 Zone glaciale arctique.
28 Zone tempérée septentrionale.
29 Zone torride.
30 Zone tempérée méridionale.
31 Zone glaciale arctique. (*F.* 4.)
32 Atmosphère.

GRANDES DIVISIONS DU GLOBE.
L'Océan divisé en cinq parties :
33 Océan Glacial arctique.
34 Océan Glacial antarctique.
35 Océan Atlantique.
36 Océan Indien.
37 Grand Océan ou Océan Pacifique. (*Fig.* 5.)

CONTINENTS.
OU GRANDES TERRES.
38 Ancien continent.
39 Nouveau continent.

LE MONDE DIVISÉ EN CINQ PARTIES.
40 Europe.
41 Asie.
42 Afrique.
43 Amérique.
44 Océanie. (*Fig.* 5.)

GRANDES ILES DU GLOBE.
Dans l'océan Atlantique :
45 La Grande-Bretagne.
46 L'Irlande.
47 Le Groënland.
48 L'île de Cuba.
49 L'île Haïti.
Dans l'océan Indien :
50 Madagascar.
Dans le Grand Océan :
51 L'Australie ou Nouvelle-Hollande.
52 L'île de Bornéo.
53 L'île Célèbes.
54 La Nouvelle-Guinée.
55 L'île Niphon.

GRANDES PRESQU'ILES.
En Europe :
56 La presqu'île de Suède et de Norvége.
57 La presqu'île de l'Espagne et du Portugal.
58 La presqu'île de l'Italie.
En Asie :
59 La presqu'île de l'Anatolie.
60 La presqu'île de l'Arabie.
61 La presqu'île de l'Hindoustan.
62 La presqu'île de l'Indo-Chine.
63 La presqu'île de Kamchatka.
En Amérique :
64 La presqu'île de Labrador.

ISTHMES.
65 L'isthme de Suez.
66 L'isthme de Panama.

CAPS OU PROMONTOIRES.
En Europe :
67 Le cap Nord.
68 Le cap Saint-Vincent.
69 Le cap Matapan.
En Asie :
70 Le cap Sévéro-Vostochnii.
71 Le cap Oriental.
72 Le cap Bourou.
73 Le cap Comorin.
En Afrique :
74 Le cap Bon.
75 Le cap Vert.
76 Le cap de Bonne-Espérance.
77 Le cap Gardafui.
En Amérique :
78 Le cap Farewel.
79 Le cap Saint-Roch.
80 Le cap Horn.

MERS PRINCIPALES.
En Europe :
La mer Méditerranée.
En Amérique :
81 La mer des Antilles.
En Asie :
82 La mer de la Chine.
83 La mer d'Okhostk.

GRANDS GOLFES.
En Europe :
84 Le golfe de Gascogne.
En Afrique :
85 Le golfe de Guinée.
86 Le golfe Arabique.
En Asie :
87 Le golfe Persique.
88 Le golfe du Bengale.
En Australie :
89 Le golfe de Carpentarie.
En Amérique :
90 La baie d'Hudson.
91 Le golfe du Mexique.

DÉTROITS PRINCIPAUX.
En Europe :
92 Le détroit de Gibraltar.
En Afrique :
93 Le détroit de Bab-el-Mandeb.
En Asie :
94 Le détroit d'Ormus.
95 Le détroit de Behring.
En Amérique :
96 Le détroit de Magellan.

GRANDES CHAINES DE MONTAGNES.
En Europe :
97 La chaîne des Alpes.
En Afrique :
98 La chaîne de l'Atlas.
En Asie :
99 Les monts Himalaya.
En Amérique :
100 La Cordillère des Andes.
101 Les montagnes Rocheuses.

GRANDS FLEUVES.
En Europe :
102 Le Volga.
103 Le Danube.
En Asie :
104 L'Obi.
105 Le fleuve Jaune.
106 Le Gange.
107 L'Euphrate.
En Afrique :
108 Le Nil.
En Amérique :
109 Le Mississipi.
110 L'Amazone.

GRANDES VILLES.
En Europe :
111 Londres, cap. de l'Angleterre.
112 Paris, capitale de la France.
113 Berlin, capitale de la Prusse.
114 Saint-Pétersbourg, capitale de la Russie.
115 Moscou, autre capitale de la Russie.
116 Vienne, capit. de l'Autriche.
117 Constantinople, capitale de la Turquie.
118 Rome, capitale des États de l'Église.
119 Madrid, capit. de l'Espagne.
En Asie :
120 Pékin, capitale de la Chine.
121 Yédo, capitale du Japon.
122 Calcutta, capitale de l'Inde anglaise.
En Afrique :
123 Le Caire, capit. de l'Égypte.
En Amérique :
124 New-York (États-Unis).
125 Mexico, capitale du Mexique.
126 Rio-Janeiro, capit. du Brésil.

PARIS. TYP. H. PLON, 8, RUE GARANCIÈRE.

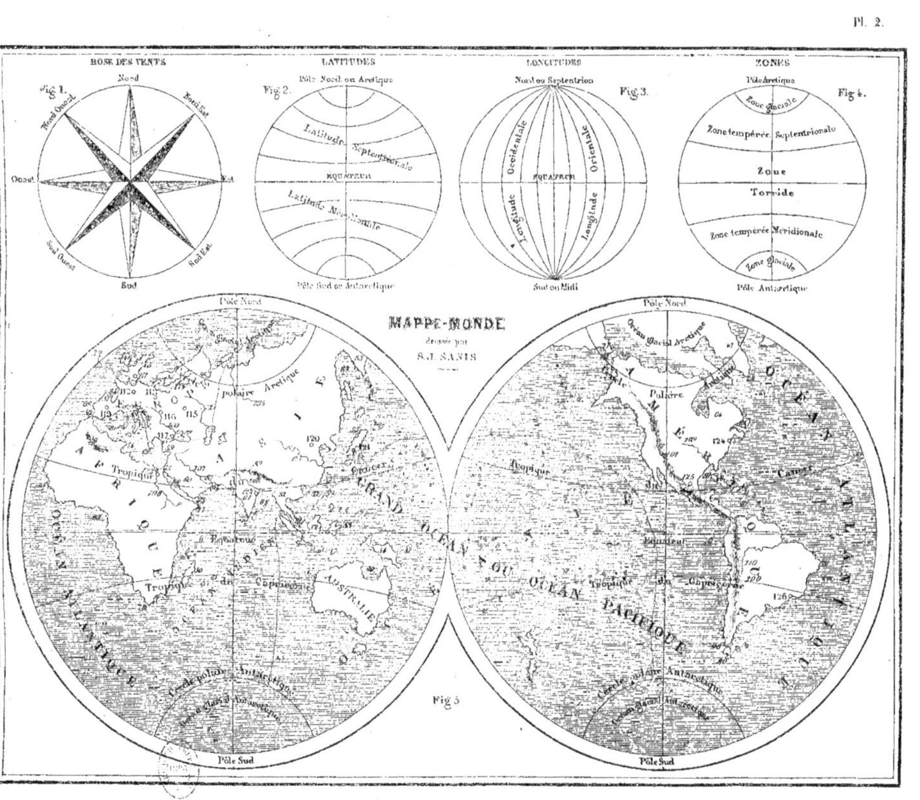
ROSE DES VENTS
LATITUDES
LONGITUDES
ZONES
Fig. 1.
Nord
Nord Ouest
Nord Est
Ouest
Est
Sud Ouest
Sud Est
Sud
Fig. 2.
Pôle Nord ou Arctique
Latitude Septentrionale
ÉQUATEUR
Latitude Méridionale
Pôle Sud ou Antarctique
Fig. 3.
Nord ou Septentrion
Occidentale
Orientale
Longitude
ÉQUATEUR
Longitude
Sud ou Midi
Fig. 4.
Pôle Arctique
Zone Glaciale
Zone tempérée Septentrionale
Zone
Torride
Zone tempérée Méridionale
Zone Glaciale
Pôle Antarctique
MAPPE-MONDE
dressée par
S. J. SANIS
Pôle Nord
Cercle Polaire Arctique
EUROPE
ASIE
Tropique du Cancer
AFRIQUE
Équateur
GRAND OCÉAN
OCÉAN ATLANTIQUE
Tropique du Capricorne
AUSTRALIE
Cercle Polaire Antarctique
Pôle Sud
Fig. 5
Pôle Nord
Océan Glacial Arctique
AMÉRIQUE
Cercle Polaire
OCÉAN ATLANTIQUE
Tropique du Cancer
Équateur
OCÉAN PACIFIQUE
Tropique du Capricorne
Cercle Polaire Antarctique
Pôle Sud

LÉGENDE.

EUROPE PHYSIQUE.

MERS.

1 Océan Glacial arctique.
2 Mer Blanche.
3 Océan Atlantique.
4 Mer Baltique.
5 Mer du Nord ou germanique.
6 Mer de la Manche.
7 Mer d'Irlande.
8 Mer Méditerranée.
9 Mer Adriatique.
10 Mer Ionienne.
11 Mer de l'Archipel.
12 Mer de Marmara.
13 Mer Noire.
14 Mer d'Azow.
15 Mer Caspienne.

GOLFES.

16 Golfe de Bothnie.
17 Golfe de Finlande.
18 Golfe de Riga ou de Livonie.
19 Golfe du Zuiderzée.
20 Golfe de Gascogne.
21 Golfe du Lion.
22 Golfe de Gênes.
23 Golfe de Tarente.
24 Golfe de Venise.
25 Golfe de Lépante.
26 Golfe de Salonique.
27 Golfe de Pérékop.

DÉTROITS.

28 Détroit du Sund.
29 Détroit du Pas-de-Calais.
30 Détroit de Gibraltar.
31 Détroit de Bonifacio.
32 Détroit de Messine.
33 Détroit des Dardanelles.
34 Détroit de Constantinople.
35 Détroit d'Iénikalé.

ILES ET ARCHIPELS.

36 Iles Loffoden.
37 Ile Séeland.
38 Ile de Fionie.
39 Ile Rugen.
40 Iles d'Aland.
41 Islande.
42 Iles Fœroé.
43 Iles Shetland.
44 Iles Orcades.
45 Iles Hébrides.
46 Ile de la Grande-Bretagne.
47 L'Irlande.
48 Ile Minorque.
49 Ile Majorque.
50 Ile de Corse.
51 Ile de Sardaigne.
52 L'île d'Elbe.
53 Les îles de Lipari.
54 La Sicile.
55 L'île de Malte.
56 Ile de Corfou.
57 Ile de Candie.
58 L'archipel des Cyclades.
59 Ile de Négrepont.

PRESQU'ILES.

60 Presqu'île Scandinave.
61 Presqu'île du Jutland.
62 Presqu'île Hispanique.
63 Presqu'île Italique.
64 Presqu'île de Morée.
66 Presqu'île de Crimée.

CAPS.

67 Cap Nord.
68 Cap Lindesness.
69 Cap Lands'-end.
70 Cap Ortégal.
71 Cap Finisterre.
72 Cap Saint-Vincent.
73 Cap Creus.
74 Cap Corse.
75 Cap Teulada.
76 Cap Passaro.
77 Cap Spartivento.
78 Cap Matapan.

CHAINES DE MONTAGNES.

79 Les Alpes scandinaves.
80 La chaîne de l'Oural.
81 La chaîne du Caucase.
82 La chaîne des Carpathes.
83 La chaîne des Balkans.
84 La chaîne Hellénique.
85 La chaîne des Alpes.
86 La chaîne de l'Apennin.
87 La chaîne du Jura.
88 La chaîne des Vosges.
89 La chaîne des Cévennes.
90 La chaîne des Pyrénées.
91 La chaîne Ibérique.
92 La Sierra Nevada.
93 Les monts Cheviots.
94 Les monts Grampians.

VOLCANS.

95 Le mont Hekla.
96 Le mont Vésuve.
97 Le mont Etna.

LACS.

98 Le lac Saïma.
99 Le lac Ladoga.
100 Le lac Onéga.
101 Le lac Wener.
102 Le lac Wetter.
103 Le lac Mœslar.
104 Le lac Peipus.
105 Le lac Balaton.

FLEUVES.

Versant océanien.

106 Le Guadalquivir, fleuve.
107 La Guadiana, fleuve.
108 Le Tage, fleuve.
109 Le Douro, fleuve.
110 La Garonne, fleuve.
111 La Loire, fleuve.
112 La Seine, fleuve.
113 La Meuse, fleuve.
114 Le Rhin, fleuve.
115 Le Weser, fleuve.
116 L'Elbe, fleuve.
117 L'Oder, fleuve.
118 La Vistule, fleuve.
119 Le Niemen, fleuve.
120 La Dwna du sud, fleuve.
121 La Neva, fleuve.
122 La Dwna du nord, fleuve.
123 La Petchora, fleuve.
124 La Tornea, fleuve.
125 Le Glommen, fleuve.
126 La Tamise, fleuve.
127 La Severn, fleuve.
128 Le Shannon, fleuve.

Versant méditerranéen.

129 La Segura, fleuve.
130 Le Xuccar, fleuve.
131 L'Èbre, fleuve.
132 Le Rhône, fleuve.
133 L'Arno, fleuve.
134 Le Tibre, fleuve.
135 Le Pô, fleuve.
136 L'Adige, fleuve.
137 Le Danube, fleuve.
138 La Drave, rivière.
139 La Save, rivière.
140 La Theiss, rivière.
141 Le Pruth, rivière.
142 Le Dniester, fleuve.
143 Le Dnieper, fleuve.
144 Le Don, fleuve.
145 Le Volga, fleuve.
146 La Kama, rivière.
147 L'Oural, fleuve.

PARIS. TYP. E. PLON, 8, RUE GARANCIÈRE.

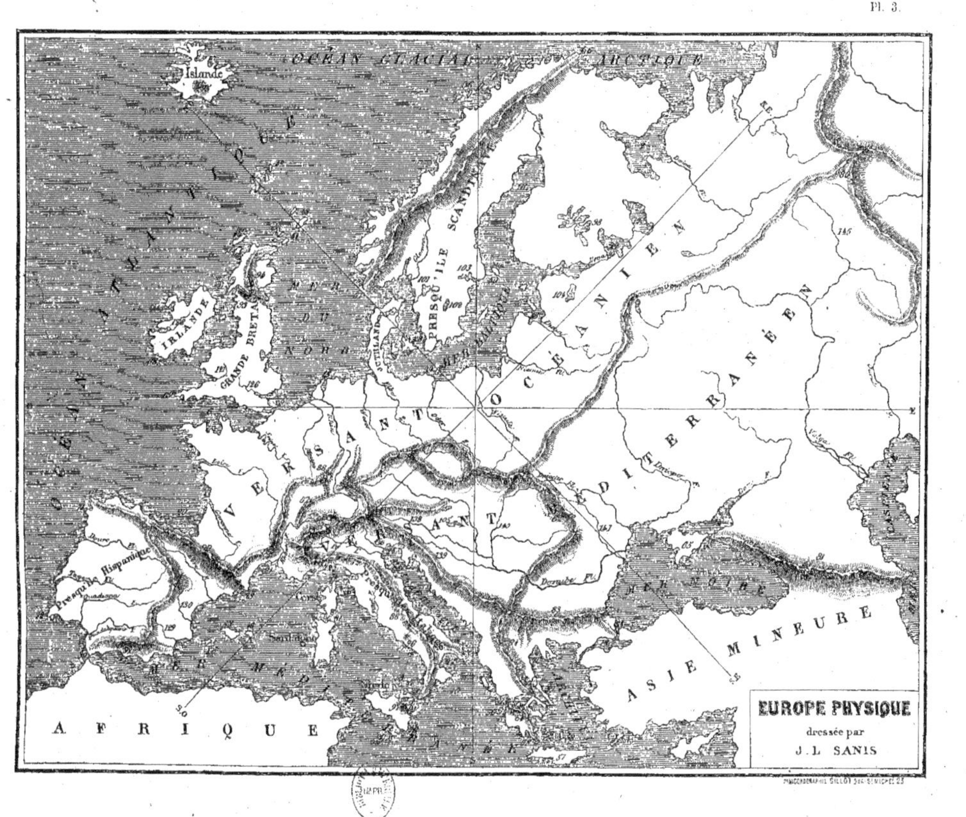
OCÉAN GLACIAL ARCTIQUE
Islande
OCÉAN ATLANTIQUE
PRESQU'ILE SCANDINAVE
MER DU NORD
IRLANDE
GRANDE BRETAGNE
OCÉANIEN
MÉDITERRANÉEN
VERSANT
VERSANT
Hispanique
Douro
Guadiana
MER MÉDITERRANÉE
MER NOIRE
ASIE MINEURE
AFRIQUE
EUROPE PHYSIQUE
dressée par
J. L. SANIS

LÉGENDE.

EUROPE POLITIQUE.

Les 16 contrées de l'Europe sont :

LES ILES BRITANNIQUES.
1 Populat. : 27,000,000 d'hab.
2 Capitales : *Londres*, sur la Tamise.
3 *Édimbourg*, sur la mer du Nord.
4 *Dublin*, sur la mer d'Irlande.
5 Villes remarq. : Manchester.
6 Liverpool, sur la mer d'Irlande.
7 Birmingham.
8 Portsmouth, sur la mer de la Manche.
9 Plymouth, sur la Manche.
10 Bristol, près du canal de ce nom.
11 Douvres, sur le Pas-de-Calais.
12 Glascow, à l'ouest de l'Écosse.
13 Cork, au sud de l'Irlande.
14 Limérick, à l'ouest de l'Irlande.

LE DANEMARK.
15 Pop. : 2 à 3,000,000 d'hab.
16 Capitale : *Copenhague*, sur le Sund.
17 Villes remarq. : Odensée, dans l'île de Fionie.
18 Kiel, sur la mer Baltique.
19 Altona, sur l'Elbe.

LA SUÈDE ET LA NORVÉGE.
20 Pop. : 4 à 5,000,000 d'hab.
21 Capitales : Stockholm, sur le lac Mœlar.
22 Christiania, au fond du golfe de ce nom.
23 Ville remarq. : Gothembourg, sur le Cattégat.

L'EMPIRE RUSSE.
24 Populat. : 62,000,000 d'hab.
25 Capitales : Saint-Pétersbourg, sur la Néva.
26 Moscou, au centre de l'empire.
27 Varsovie, sur la Vistule.
28 Villes remarq. : Revel, sur le golfe de Finlande.
29 Riga, au fond du golfe de Livonie.
30 Wilna, près du Niémen.
31 Arkhangel, sur la Dwina du Nord.
32 Perm, sur la Kama.
33 Twer, sur la Volga.
34 Smolensk, sur le Dnieper.
35 Kiev, sur le Dnieper.
36 Odessa, sur la mer Noire.
37 Astrakan, à l'embouchure du Volga.

L'EMPIRE FRANÇAIS.
38 Populat. : 36,000,000 d'hab.
39 Capitale : Paris, sur la Seine.
40 Villes remarq. : Lyon, sur le Rhône.
41 Marseille, sur la Méditerranée.
42 Toulouse, sur la Garonne.
43 Bordeaux, sur la Garonne.
44 Orléans, sur la Loire.
45 Nantes, sur la Loire.
46 Rouen, sur la Seine.
47 Strasbourg, près du Rhin.
48 Lille, au nord de la France.

LA BELGIQUE.
49 Pop. : 4 à 5,000,000 d'hab.
50 Capitale : Bruxelles, au centre de la Belgique.
51 Ville remarquable : Anvers, sur l'Escaut.

LA HOLLANDE.
52 Pop. : 3 à 4,000,000 d'hab.
53 Capitales : La Haye, sur la mer du Nord.
54 Amsterdam, sur le Zuyderzée.

L'ALLEMAGNE OU CONFÉDÉRATION GERMANIQUE.
55 Populat. : 37,000,000 d'hab.
56 Cap. : Francfort-sur-le-Main.
57 Munich (Bavière).
58 Stuttgard (Wurtemberg).
59 Dresde, sur l'Elbe (Saxe).
60 Hanovre (royaume de Hanovre).
61 Lubeck, ville libre, près de la Baltique.
62 Hambourg, ville libre, sur l'Elbe.
63 Brême, ville libre, sur la mer du Nord.

LA SUISSE.
64 Pop. : 2 à 3,000,000 d'hab.
65 Villes remarquables : Berne.
66 Bâle, sur le Rhin.
67 Genève, sur le Rhône.

LA PRUSSE.
68 Populat. : 17,000,000 d'hab.
69 Capitale : Berlin, sur un affluent de l'Elbe.
70 Villes remarq. : Kœnigsberg, près de la Baltique.
71 Dantzig, à l'embouchure de la Vistule.
72 Cologne, sur le Rhin.
73 Aix-la-Chapelle, à l'ouest de Cologne.

L'EMPIRE D'AUTRICHE.
74 Populat. : 38,000,000 d'hab.
75 Capit. : Vienne, sur le Danube.
76 Villes remarq. : Prague (Bohême).
77 Cracovie, sur la Vistule.
78 Lemberg (Gallicie).
79 Klausenhourg (Transylvanie).
80 Bude, sur le Danube (Hongrie.)
81 Trieste, sur la mer Adriatique.
82 Venise, sur la mer Adriatique.
83 Milan (Lombardie).

L'ESPAGNE.
84 Populat. : 17,000,000 d'hab.
85 Capitale : Madrid, au centre.
86 Villes remarq. : Barcelone, sur la Méditerranée.
87 Valence, sur le golfe de ce nom.
88 Carthagène, sur la Méditerranée.
89 Gibraltar, sur le détroit de ce nom.
90 Grenade, sur un affluent du Guadalquivir.
91 Séville, sur le Guadalquivir.
92 Cadix, sur l'océan Atlantique.
93 Badajoz, sur la Guadiana.
94 Burgos, sur un affl. du Douro.
95 Léon, à l'ouest de Burgos.
96 Saragosse, sur l'Èbre.
97 Pampelune, derrière les Pyrénées.

LE PORTUGAL.
98 Populat. : 4,000,000 d'hab.
99 Capitale : Lisbonne, à l'embouchure du Tage.
100 Villes remarq. : Coimbre, sur le Mondégo.
101 Porto, à l'emb. du Douro.

L'ITALIE.
102 Populat. : 25,000,000 d'hab.
103 Capitales : Turin, sur le Pô (États sardes).
104 Parme, capitale du duché de ce nom.
105 Modène, capitale du duché de ce nom.
106 Florence, sur l'Arno (Toscane).
107 Rome, sur le Tibre (États de l'Église).
108 Naples, au pied du Vésuve (royaume de ce nom).
109 Villes remarq. : Gênes, sur le golfe de ce nom.
110 Cagliari, au sud de l'île de Sardaigne.
111 Livourne, port, au sud de l'Arno.
112 Bologne (États de l'Église).
113 Ancône, sur l'Adriatique.
114 Palerme, au nord de la Sicile.
115 Messine, sur le détroit de ce nom.
116 Tarente, au fond du golfe de ce nom.

LA TURQUIE D'EUROPE.
117 Populat. : 12,000,000 d'habitants.
118 Capitale : Constantinople, à l'entrée du détroit de ce nom.
119 Villes remarq. : Andrinople, sur la Maritza.
120 Sophie, au pied des Balkans.
121 Bosna-Seraï (Bosnie).
122 Belgrade, sur le Danube.
123 Bucharest (Valachie).
124 Iassy (Moldavie).
125 Varna, port sur la mer Noire.
126 Gallipoli, sur le détroit des Dardanelles.
127 Salonique, au fond du golfe de ce nom.

LA GRÈCE.
128 Population : 800,000 habitants.
129 Capitale : Athènes, bâtie près du golfe de ce nom.

PARIS. TYP. E. PLON, 8, RUE GARANCIÈRE.

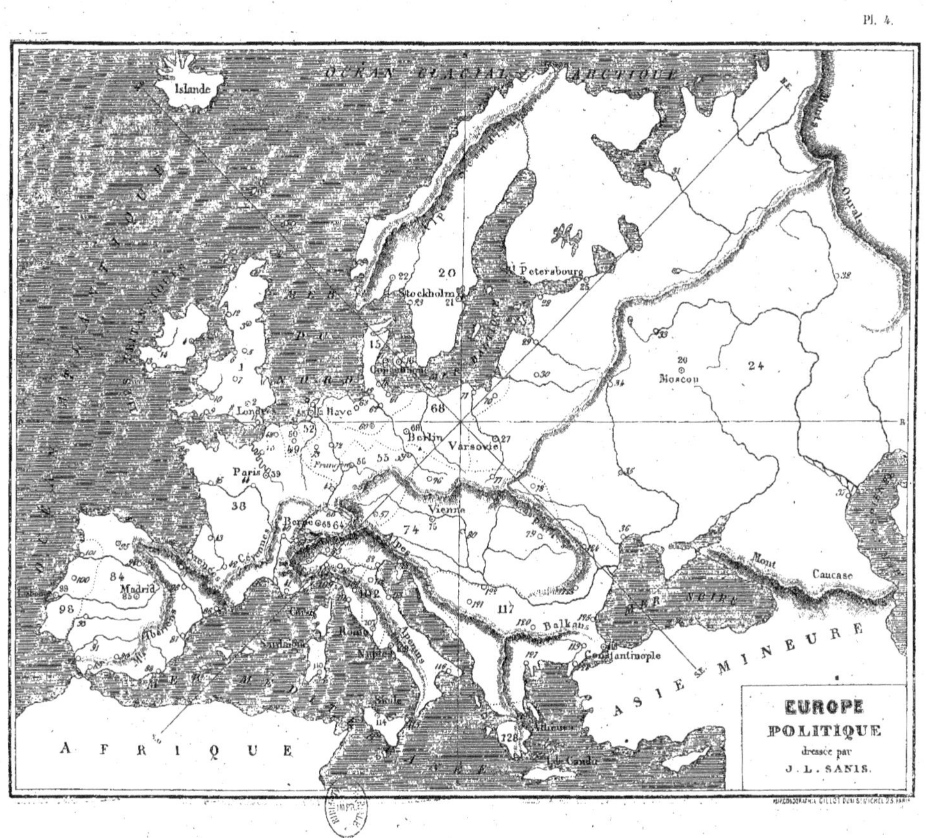
OCÉAN GLACIAL ARCTIQUE
Islande
Oural
St Petersbourg
Stockholm
20
22
21
15
Moscou
24
Londres
la Haye
68
Berlin
Varsovie
27
Paris
Vienne
38
Berne
74
Madrid
84
98
Rome
117
Balkans
Mont
Caucase
Constantinople
MER NOIRE
ASIE MINEURE
AFRIQUE
MER MÉDITERRANÉE
Athènes
128
EUROPE
POLITIQUE
dressée par
J. L. SANIS.

LÉGENDE.

ASIE PHYSIQUE.

MERS.

1 Océan Glacial arctique.
2 Grand Océan ou océan Pacifique.
3 Mer de Behring.
4 Mer d'Okhotsk.
5 Mer du Japon.
6 Mer Jaune.
7 Mer Bleue ou Orientale.
8 Mer de la Chine.
9 Océan Indien ou mer des Indes.
10 Mer d'Oman.
11 Mer Rouge.
12 Mer Méditerranée.
13 Mer de l'Archipel.
14 Mer de Marmara.
15 Mer Noire.
16 Mer Caspienne.

GOLFES.

17 Golfe de l'Obi.
18 Golfe d'Anadyr.
19 Golfe de Tchili.
20 Golfe de Tonkin.
21 Golfe de Siam.
22 Golfe de Bengale.
23 Golfe Persique.
24 Golfe Arabique.

DÉTROITS.

25 Détroit de Behring.
26 Détroit de Malacca.
27 Détroit de Palk.
28 Détroit d'Ormuz.
29 Détroit de Bab-el-Mandeb.

PRESQU'ILES.

30 Presqu'île de l'Anatolie.
31 Presqu'île de l'Arabie.
32 Presqu'île de l'Hindoustan.
33 Presqu'île de l'Indo-Chine.
34 Presqu'île de Malacca.
35 Presqu'île de Corée.
36 Presqu'île de Kamtschatka.

ILES ET ARCHIPELS.

37 Les îles Liakow.
38 L'archipel des Kouriles.
39 L'île Tarrakaï.
40 L'archipel du Japon, dont les îles principales sont :
41 L'île Matsmaï.
42 L'île Niphon.
43 L'île Sikokf.
44 L'île Kiu-siu.
45 L'île Formose.
46 L'île Hainan.
47 Les îles Nicobar.
48 Les îles Andaman.
49 L'île Ceylan.
50 Les îles Maldives.
51 Les îles Laquedives.
52 L'île de Chypre.
53 L'île de Rhodes.

CAPS.

54 Le cap Sévéro Vostoïchnii.
55 Le cap Oriental.
56 Le cap Lopatka.
57 Le cap Bourou ou Romania.
58 Le cap Comorin.
59 Le cap Raz-el-had.
60 Le cap Baba.

MONTAGNES.

61 Les monts Ourals.
62 Les monts Alguidim.
63 Les monts Altaï.
64 Les monts Jablonnoï.
65 Les monts Stanovoï.
66 Les monts de la Chine.
67 Les montagnes de l'Indo-Chine.
68 Les monts Ghâts.
69 Les monts Himalaya.
70 Les monts Bolor.
71 Les monts du Khorassan.
72 Le mont Caucase.
73 Les monts Taurus.
74 Les monts du Liban.

LACS.

75 Le lac Aral.
76 Le lac Balkach.
77 Le lac Baïkal.
78 Le lac Lob.
79 Le lac Van.
80 Le lac Asphaltite.

FLEUVES PRINCIPAUX.

81 Le fleuve de l'Obi et son affluent l'Irtich.
82 Le Ieniseï et son affluent.
83 L'Angara.
84 Le fleuve Léna.
85 L'Amour ou Saghalien.
86 Le Hoang-ho ou fleuve Jaune.
87 Le Kiang-ho ou fleuve Bleu.
88 Le Ménam-kong ou Camboge.
89 Le Ménam ou fleuve de Siam.
90 Le fleuve Salouen.
91 Le fleuve Iraouaddi.
92 Le Brahmapoutre.
93 Le Gange.
94 Le Godavery.
95 Le fleuve Indus.
96 L'Euphrate.
97 Le Tigre.
98 Le Kour.
99 Le Jourdain.
100 Le Syr-daria.
101 L'Amou-daria.

ASIE POLITIQUE.

102 Les quatorze contrées de l'Asie sont :

I. LA RUSSIE D'ASIE (SIBÉRIE ET TRANSCAUCASIE).

103 Populat. : 6,000,000 d'hab.
104 Capit. : Tobolsk, sur l'Irtich.
105 Villes remarquables : Irkousk, sur l'Angara.
106 Iakoutsk, sur la Léna.
107 Okhotsk, sur la mer de ce nom.
108 Saint-Pierre et Saint-Paul, sur la mer de Behring.
109 Tiflis, sur le Kour.

II. L'EMPIRE CHINOIS.

110 Popul. : 300,000,000 d'hab.
111 Capitale : Pékin.
112 Villes remarquables : Nankin, sur le fleuve Bleu.
113 Canton, sur la mer de la Chine.

III. L'EMPIRE DU JAPON.

114 Populat. : 40,000,000 d'hab.
115 Cap. : Yédo, dans l'île Niphon.
116 Villes remarquables : Miaco, au sud de Niphon.
117 Nangasaki, dans l'île Kiu-siu.

IV. LE ROYAUME D'ANAM OU DE COCHINCHINE.

118 Populat. : 8,000,000 d'hab.
119 Capitale : Hué, près du golfe de Tonkin.
120 Ville remarquable : Saïgon, près du Camboge.

V. LE ROYAUME DE SIAM.

121 Populat. : 3,000,000 d'hab.
122 Capitale : Bangkok, sur le golfe de Siam.
123 Ville remarquable : Siam, sur le fleuve de ce nom.

VI. LES ÉTATS DE MALACCA.

124 Populat. : 400,000 habitants.
125 Villes remarq. : Malacca, sur le détroit de ce nom.
126 Singapour, au sud de la presqu'île de Malacca.

VII. L'EMPIRE DES BIRMANS.

127 Populat. : 4,000,000 d'hab.
128 Cap. : Ava, sur l'Iraouaddi.
129 Villes remarquables : Oummérapoura, au nord d'Ava.
130 Rangoun, à l'embouchure de l'Iraouaddi.
131 Martaban, au fond du golfe de ce nom.

VIII. L'HINDOUSTAN.

132 Popul. : 130,000,000 d'hab.
133 Cap. : Calcutta, sur le Gange.
134 Villes rem. : Agra, au nord-ouest de Calcutta.
135 Chandernagor, sur le Gange.
136 Madras, sur la côte de Coromandel.
137 Pondichéry, au sud de Madras.
138 Bombay, sur la côte de Malabar.

IX. LE BÉLOUTCHISTAN.

139 Populat. : 2,000,000 d'hab.
140 Capitale : Kélat, au nord de la contrée.

X. AFGHANISTAN.

141 Populat. : 4,000,000 d'hab.
142 Capitale : Caboul, à l'est de la contrée.
143 Ville remarquable : Hérat, au nord-est.

XI. LE TURKESTAN.

144 Populat. : 6,000,000 d'hab.
145 Villes remarq. : Khokand, sur le Syr-daria.
146 Boukara, au sud de la contrée.
147 Kiva, sur l'Amou-daria.

XII. LA PERSE.

148 Populat. : 10,000,000 d'hab.
149 Capitale : Téhéran, au sud de la Caspienne.
150 Ispahan, au sud de Téhéran.
151 Bender-abassi, sur le golfe Persique.

XIII. L'ARABIE.

152 Populat. : 12,000,000 d'hab.
153 Capitale : La Mecque, près de la mer Rouge.
154 Villes remarq. : Médine, au nord de la Mecque.
155 Moka, en face du détroit de Bab-el-Mandeb.
156 Aden, au sud de Moka.
156 bis. Maskate, près du détroit d'Ormuz.

XIV. LA TURQUIE D'ASIE.

157 Populat. : 12,000,000 d'hab.
158 Villes remarq. : Smyrne, sur la mer de l'Archipel.
159 Jérusalem, près de la mer Morte.
160 Damas, au nord-est de Jérusalem.
161 Alep, au nord de Damas.
162 Bagdad, sur le Tigre.

PARIS. TYP. E. PLON, 8, RUE GARANCIÈRE.

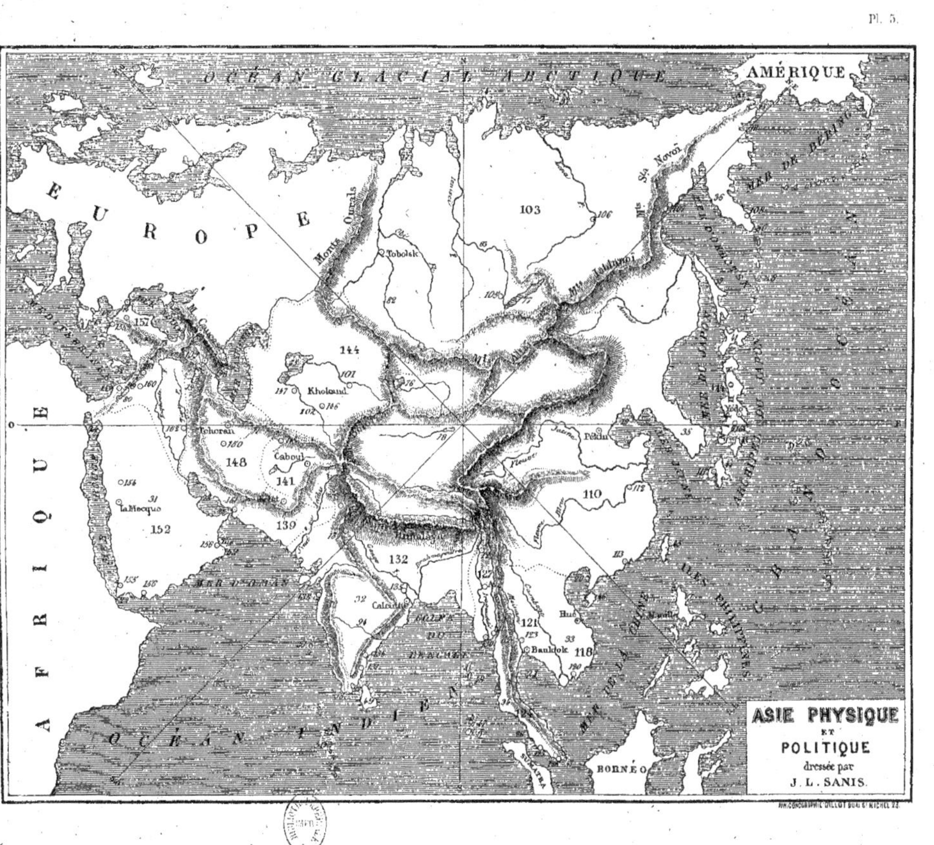

OCÉAN GLACIAL ARCTIQUE
AMÉRIQUE
EUROPE
AFRIQUE
Monts Ourals
Tobolsk
103
106
Mts Sté Novoï
MER DE BERING
Kholoum
Téhéran
Caboul
144
101
147
102
116
181
150
148
141
139
132
156
31
laMecque
152
158
78
141
110
112
Péking
Jaune
Fleuve
113
OCÉAN INDIEN
MER D'OMAN
Calcutta
94
GOLFE DU BENGALE
121
123
33
Bankok
118
Hué
Manille
MER DE LA CHINE
ARCHIPEL DES PHILIPPINES
OCÉAN PACIFIQUE
MER DU JAPON
BORNÉO
SUMATRA
ASIE PHYSIQUE
ET
POLITIQUE
dressée par
J. L. SANIS.

AFRIQUE PHYSIQUE.

MERS.

1 Mer Méditerranée.
2 Océan Atlantique.
3 Océan Indien.
4 Mer Rouge.

GOLFES ET BAIES.

5 Golfe de Cabès.
6 Golfe de la Sidre.
7 Golfe de Guinée.
8 Golfe de Biafra.
9 Golfe de Bénin.

DÉTROITS.

10 Détroit de Gibraltar.
11 Canal de Mozambique.
12 Détroit de Bab-el-Mandeb.

CAPS.

13 Le cap Bon.
14 Le cap Bojador.
15 Le cap Blanc.
16 Le cap Vert.
17 Le cap des Trois-Palmes.
18 Le cap Lopez.
19 Le cap Négro.
20 Le cap Frio.
21 Le cap de Bonne-Espérance.
22 Le cap des Courants.
23 Le cap Guardafui.
24 Le cap d'Ambre.
25 Le cap Sainte-Marie.

ILES ET ARCHIPELS.

26 Ile Socotora.
27 Les îles Séchelles.
28 Les îles Comores.
29 L'île Bourbon.
30 L'île de France ou Maurice.
31 L'île Rodrigue.
32 L'île Sainte-Hélène.
33 L'île de l'Ascension.
34 L'île Fernando-Pô.
35 L'île du Prince.
36 L'île Saint-Thomas.
37 Les îles du cap Vert.
38 Les îles Canaries.
39 Les îles Madère.
40 Les îles Açores.

CHAINES DE MONTAGNES.

41 La chaîne de l'Atlas.
42 Les montagnes de Kong.
43 Les montagnes de la Lune.
44 Les monts Niewevel.
45 Les monts Lupata.

FLEUVES PRINCIPAUX.

46 Le fleuve du Nil.
47 Le fleuve du Sénégal.
48 Le fleuve de la Gambie.
49 Le fleuve Niger.
50 Le fleuve Zaïre ou Loango.
51 Le fleuve Orange.
52 Le fleuve Zambèze.

LACS PRINCIPAUX.

53 Le lac Tchad.
54 Le lac Dembéa.
55 Le lac Maravi.

AFRIQUE POLITIQUE.

Les 20 contrées de l'Afrique sont :

L'ÉGYPTE.

56 Populat. : 5,000,000 d'hab.
57 Capitale : le Caire, sur le Nil.
58 Villes remarq. : Alexandrie, sur la Méditerranée.
59 Rosette, à l'est d'Alexandrie.
60 Damiette, à l'est de Rosette.
61 Suez, sur la mer Rouge.

LA NUBIE.

62 Population : 800,000 habit.
63 Capit. : Sennaar, sur le Nil.

L'ABYSSINIE.

64 Populat. : 4,000,000 d'hab.
65 Capitale : Gondar, près du lac Dembéa.

LA RÉGENCE DE TRIPOLI.

66 Populat. : 1,000,000 d'hab.
67 Villes remarq. : Tripoli, sur la Méditerranée.
68 Benghazi, à l'ouest de Tripoli.
69 Moursouk, au sud de la contrée.
70 Ghadames, à l'ouest.

LA RÉGENCE DE TUNIS.

71 Populat. : 2,000,000 d'hab.
72 Capitale : Tunis, sur la Méditerranée.
73 Villes remarq. : Bizerte, au nord-ouest.
74 Cabès, sur le golfe de ce nom.

L'ALGÉRIE.

75 Population : 2,500,000 hab.
76 Villes remarq. : Alger, sur la Méditerranée.
77 Constantine, à l'est, dans l'intérieur.
78 Oran, à l'ouest, port de mer.

L'EMPIRE DU MAROC.

79 Populat. : 7,000,000 d'hab.
80 Capitales : Maroc, au sud de la contrée.
81 Fez, au nord de Maroc.
82 Tanger, sur le détroit de Gibraltar.
83 Mogador, port sur l'Atlantique.

LE SAHARA.

84 Populat. : 3 à 400,000 hab.
85 Villes remarquables : Agably, au nord-ouest.
86 Aghadès, au sud-est d'Agably.

LA NIGRITIE OU SOUDAN.

87 Pop. : 15 à 20,000,000 d'hab.
88 Villes remarq. : Tombouktou, près du Niger.
89 Sackatou, au sud-est de Tombouktou.
90 Kouka, sur le lac Tchad.

LA SÉNÉGAMBIE.

91 Popul. : 3 à 4,000,000 d'hab.
92 Villes remarq. : Saint-Louis, à l'embouchure du Sénégal.
93 Sainte-Marie de Bathurst, à l'embouchure de la Gambie.

LA GUINÉE SEPTENTRIONALE.

94 Populat. : 6,000,000 d'hab.
95 Villes remarq. : Coumassie, au nord de la contrée.
96 Abomey, à l'est.
97 Bénin, sur une branche du Niger.

LA GUINÉE MÉRIDIONALE.

98 Populat. : 2,000,000 d'hab.
99 Villes remarq. : Banza ou San-Salvador.
100 Saint-Paul de Loanda, sur l'Océan.
101 Saint-Philippe de Benguela, au sud de Loanda.

LA CIMBÉBASIE.

102 Populat. : 40,000 habitants. On ne connaît pas de villes remarquables dans cette contrée.

LA HOTTENTOTIE.

103 Populat. : 70,000 habitants. La Hottentotie ne possède aucune ville qu'on puisse citer.

LA COLONIE DU CAP.

104 Populat. : 180,000 habitants.
105 Villes remarq. : le Cap, au sud de l'Afrique.
106 Port-Natal, à l'entrée de l'océan Indien.

LA CAFRERIE.

107 Population peu connue.
108 Ville remarq. : Zimbaoé, sur le Zambèze.

LE MOZAMBIQUE.

109 Populat. : 2,000,000 d'hab.
110 Villes remarq. : Mozambique, sur le canal de ce nom.
111 Sofola, au sud-ouest du Zambèze.

LE ZANGUEBAR.

112 Populat. : 2,000,000 d'habitants.
113 Villes remarq. : Zanzibar, dans une île, près de la côte.
114 Quiloa, au sud de Zanzibar.

LA COTE D'AJAN.

115 Contrée déserte et peu connue.

ILES DE L'OCÉAN INDIEN.

117 Madagascar, populat. : 4 millions d'habitants.
118 Ville remarq. : Tananarive.
119 Ile Bourbon, chef-lieu, Saint-Denis.
120 Ile de France ou Maurice, chef-lieu, Port-Louis.

PARIS. TYP. H. PLON, 8, RUE GARANCIÈRE.

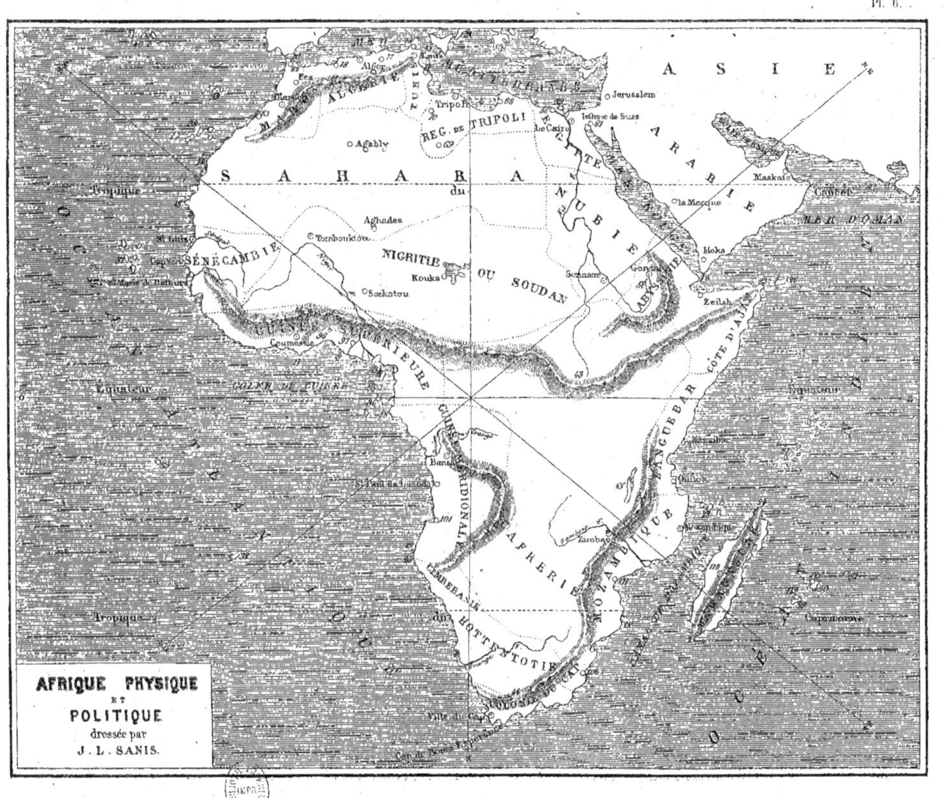

AFRIQUE PHYSIQUE
ET
POLITIQUE
dressée par
J. L. SANIS.

LÉGENDE.

AMÉRIQUE PHYSIQUE.

MERS.

1 Océan Glacial arctique.
2 Mer d'Hudson.
3 Mer de Baffin.
4 Océan Atlantique.
5 Mer des Antilles.
6 Grand Océan ou Océan Pacifique.
7 Mer Vermeille.
8 Mer de Bering.

GOLFES.

9 Golfe du Mexique.
10 Golfe d'Honduras.
11 Golfe de Panama.

DÉTROITS.

12 Détroit de Davis.
13 Détroit de Magellan.
14 Détroit de Bering.

PRESQU'ILES.

15 Presqu'île de Labrador.
16 Presqu'île de Nouvelle-Écosse.
17 Presqu'île de Floride.
18 Presqu'île de Yucatan.
19 Presqu'île d'Alaska.

ILES ET ARCHIPELS.

20 Le Groëuland.
21 Ile de Terre-Neuve.
22 Les Iles Bermudes.
23 Iles Lucayes.

GRANDES ANTILLES.

24 Ile de Cuba.
25 Ile d'Haïti.
26 Ile de la Jamaïque.
27 Ile de Porto-Rico.

PETITES ANTILLES.

28 Ile de la Guadeloupe.
29 Ile de la Martinique.

30 La Terre de Feu.
31 Les Iles Malouines.
32 Les Iles Quadra et Vancouver.
33 Archipel du roi Georges.
34 Iles Aléoutiennes.

CAPS.

35 Cap Farewel.
36 Cap Cod.
37 Cap Catoche.
38 Cap Gallinas.
39 Cap Saint-Roch.
40 Cap Froward.
41 Cap Horn.
42 Cap Blanc.
43 Cap San-Lucas.
44 Cap du Prince de Galles.

CHAINES DE MONTAGNES.

45 La Cordillère des Andes.
46 La Cordillère du Mexique.
47 Chaine des monts Rocheux.
48 Monts Alléghany.

LACS.

49 Lac du Grand Ours.
50 Lac de l'Esclave.
51 Lac des Montagnes.
52 Lac Ouinnipeg.
53 Lac Supérieur.
54 Lac Michigan.
55 Lac Huron.
56 Lac Érié.
57 Lac Ontario.
58 Lac Nicaragua.
59 Lac Maracaibo.
60 Lac Titicaca.
61 Lac de Los Patos.

FLEUVES.

62 Le fleuve Mackensie.
63 Le fleuve Nelson.
64 Le fleuve Saint-Laurent.
65 Le fleuve Mississipi.
66 La rivière Missouri.
67 La rivière Arkansas.
68 La rivière Ohio.
69 Le fleuve Rio del Norte.
70 Le fleuve Madeleine.
71 Le fleuve Orénoque.
72 Le fleuve des Amazones.
73 La rivière Madeira.
74 La rivière Xingu.
75 La rivière Tocantin.
76 Le fleuve Saint-François.
77 Le Rio de la Plata.
78 La rivière Parana.
79 La rivière Paraguay.
80 Le fleuve Rio Negro.

———

AMÉRIQUE POLITIQUE.

81 **AMÉRIQUE RUSSE.**

Population : 60,000 habitants.

82 Chef-lieu : la Nouvelle-Arkhangel.

83 **NOUVELLE-BRETAGNE.**

Populat. : 2,000,000 d'hab.

84 Capitale : Québec.
85 Lieux remarquables : Montréal.
86 Halifax, port de mer.

87 **ÉTATS-UNIS.**

Populat. : 27,000,000 d'hab.

88 Capitale : Washington.
89 Villes remarquables : Boston, port.
90 New-York, grande ville, grand port.
91 Philadelphie, port de mer.
92 La Nouvelle-Orléans, port de mer.
93 Saint-Louis sur le Mississipi.
94 Cincinnati sur l'Ohio.
94 *bis.* San Francisco, port de mer.

95 **MEXIQUE.**

Populat. : 8,000,000 d'hab.

96 Capitale : Mexico.
97 Villes remarq. : Guadalaxara.
98 Vera-Cruz, port de mer.
99 Campêche.

100 **AMÉRIQUE CENTRALE.**

Populat. : 2,000,000 d'hab.

101 Capitale : Guatemala.
102 Villes remarq. : Balize.
103 San-Salvador.
104 Léon.

GRANDES ANTILLES.

ILE DE CUBA.

Populat. : 1,200,000 hab.

105 Capitale : la Havane.

ILE D'HAITI.

Populat. : 1,000,000 d'hab.

106 Capitales : Port-au-Prince.
107 Saint-Domingue.

108 **NOUVELLE-GRENADE.**

Populat. : 2,000,000 d'hab.

109 Capitale : Santa-Fé de Bogota.
110 Ville remarq. : Carthagène.

111 **RÉPUBLIQUE DE L'ÉQUATEUR.**

Populat. : 1,000,000 d'hab.

112 Capitale : Quito.

113 **RÉPUBLIQUE DE VÉNÉZUÉLA.**

Populat. : 1,000,000 d'hab.

114 Capitale : Caracas.

115 **RÉPUBLIQUE DU PÉROU**

Populat. : 2,000,000 d'hab.

116 Capitale : Lima.
117 Ville remarq. : Cusco.

118 **RÉPUBLIQUE DE BOLIVIE.**

Populat. : 1,000,000 d'hab.

119 Capitale : la Plata.

120 **RÉPUBLIQUE DU CHILI.**

Populat. : 1,500,000 hab.

121 Capitale : Santiago.
122 Ville remarq. : Valparaiso.

123 **PATAGONIE.**

124 **ÉTATS-UNIS DE LA PLATA.**

Populat. : 2,000,000 d'hab.

125 Capitale : Buenos-Ayres.
126 Villes remarq. : Santa-Fé.
127 L'Assomption.

128 **URUGUAY.**

Populat. : 400,000 hab.

129 Capitale : Montevideo.

130 **BRÉSIL.**

Populat. : 8,000,000 d'hab.

131 Capitale : Rio-Janeiro.
132 Villes remarq. : San-Salvador.
133 Fernambouc.

134 **GUYANE FRANÇAISE.**

Populat. : 20,000 hab.

Capitale : Cayenne.

135 **GUYANE HOLLANDAISE.**

Populat. : 70,000 hab.

Capitale : Paramaribo.

136 **GUYANE ANGLAISE.**

Populat. : 100,000 hab.

Capitale : Georgetown.

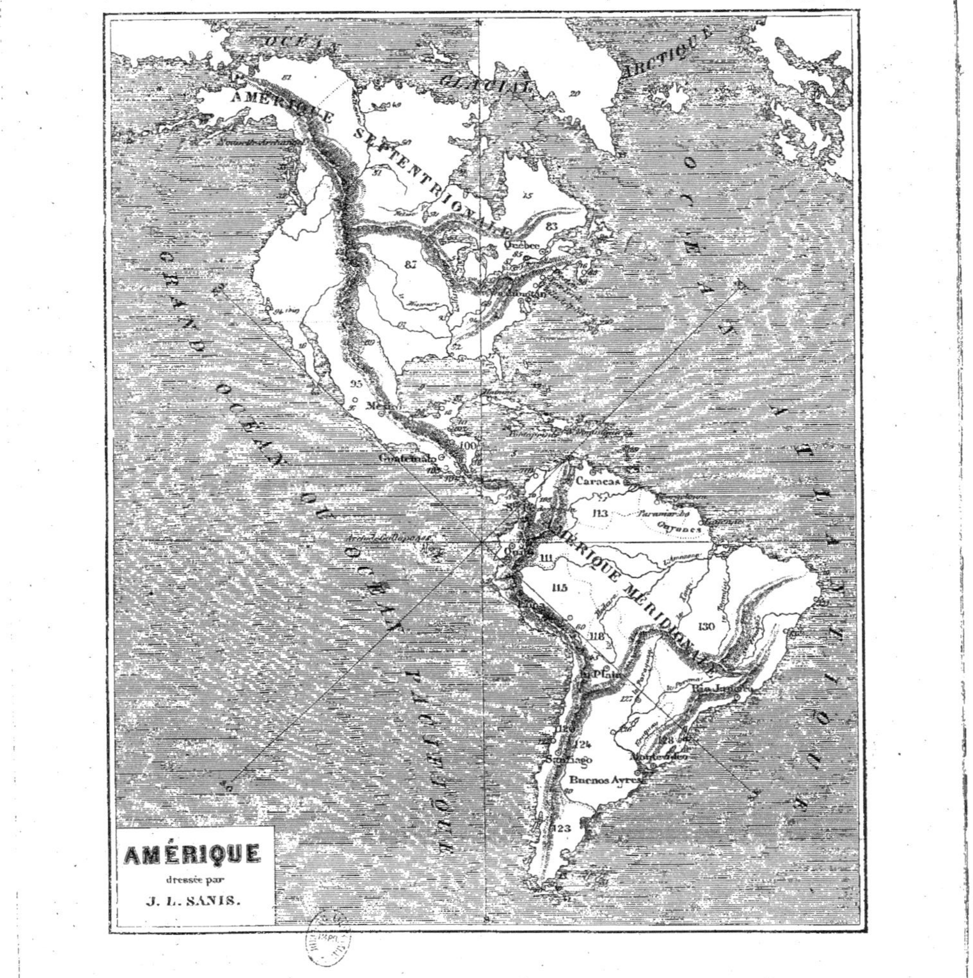
OCÉAN GLACIAL ARCTIQUE
AMÉRIQUE SEPTENTRIONALE
Québec
Washington
Guatemala
Caracas
AMÉRIQUE MÉRIDIONALE
Mexico
Lima
Rio Janeiro
Santiago
Montevideo
Buenos Ayres
GRAND OCÉAN OU OCÉAN PACIFIQUE
OCÉAN ATLANTIQUE
113
111
115
118
130
127
128
124
126
123
AMÉRIQUE
dressée par
J. L. SANIS.

LÉGENDE.

OCÉANIE PHYSIQUE.

MALAISIE.

La Malaisie renferme :
1° Les *Philippines; Luçon*, au N.; *Mindanao*, au S.;
2° Les îles de la *Sonde : Sumatra*, au N.-O.; *Java*, séparée de Sumatra par le détroit de la *Sonde; Sumbawa*, à l'E. de Java; *Florès*, à l'E. de Sumbawa; *Timor*, au S.-E. de Florès;
3° L'île *Bornéo*, au N.-E. de Sumatra;
4° L'île *Célèbes*, à l'E. de Bornéo;
5° Les *Moluques*, dont les principales sont : *Gilolo*, au N., et *Céram*, au S.

MÉLANÉSIE.

Les îles de la Mélanésie sont :
1° L'*Australie* ou *Nouvelle-Hollande*, la plus-grande île du globe, au S.-E. de l'archipel de la Sonde;
2° La *Nouvelle-Guinée*, au N. de l'Australie;
3° La *Tasmanie* ou *terre de Diémen*, au S.-E. de l'Australie;
4° Les îles *Viti* ou *Fidji*, à l'E. de la Mélanésie;
5° L'archipel de la *Nouvelle-Bretagne*, au N.-E. de la Nouvelle-Guinée;
6° Les îles de l'*Amirauté*, au N. de la Nouvelle-Bretagne;
7° La *Nouvelle-Irlande* et *les îles Salomon*, à l'E. de la Nouvelle-Guinée;
8° Les îles de *la Pérouse*, de la *Louisiade* et *les Nouvelles-Hébrides*, au S.-E. des îles Salomon;
9° La *Nouvelle-Guinée*, à l'E. de l'Australie.

MICRONÉSIE.

Les archipels de la Micronésie sont :
1° L'archipel de *Magellan*, au N.-O.;
2° L'archipel des *Mariannes*, au S. de l'archipel de Magellan.
3° Les îles *Pelew*, au S. des îles Mariannes;
4° Les îles *Carolines*, à l'E. des îles Pelew:
5° Les îles *Mulgrave*, à l'E. des îles Carolines;
6° L'archipel d'*Anson*, à l'E. de l'archipel de Magellan;
7° Les îles *Gilbert*, au S.-E. des îles Mulgrave.

POLYNÉSIE.

Les archipels de la Polynésie sont :
1° Les îles *Haouaï* ou *Sandwich*, au N.;
2° Les îles *des Navigateurs* ou *Hamoa*, au N.-E. des îles Viti;
3° Les îles *Tonga* ou *des Amis*, au S. des îles des Navigateurs;
4° Les îles de *Cook*, à l'E. des îles Tonga;
5° L'archipel des *îles Basses* ou *Pomotou*, qui comprennent : les *îles Pernicieuses*, les *îles de la Société* ou *Taïti*, et les *îles Gambier*, à l'E. des îles de Cook;
6° L'archipel de *Nouka-Hiva* ou *îles Marquises*, au N.-E. des îles Basses;
7° L'archipel de la *Nouvelle-Zélande*, qui comprend deux îles séparées par le détroit de Cook : celle du N.-E., connue sous le nom de *Ikana-Mauwi*, et celle du S., qu'on nomme *Tavoni-Pounamou*;
8° L'île *Antipode*, au S.-E. de la Nouvelle-Zélande.

OCÉANIE POLITIQUE.

SUPERFICIE. — POPULATION. — RACES. RELIGION.

La surface de l'Océanie est d'environ 10 millions de kilomètres carrés. La population peut s'élever à 35 millions d'habitants, tant indigènes qu'Européens. Les indigènes appartiennent à deux races : les *Nègres* et les *Malais*.

L'islamisme règne dans la Malaisie. Les habitants des autres parties de l'Océanie sont idolâtres.

Le christianisme pénètre dans les colonies européennes.

ÉTATS INDIGÈNES.

Les principaux États indigènes sont :
1° Le royaume d'*Achem*, qui comprend la partie N.-O. de Sumatra. Capitale, *Achem*, au nord de l'île;
2° Le royaume de *Siak*, dans la même île. Capitale, *Siak*;
3° Le royaume de *Bornéo*. Capitale, *Bornéo*, située sur la côte N.;
4° Le royaume de *Mindanao*. Capitale, *Sélangan*;
5° Le royaume de *Haonai*, qui comprend l'archipel de Sandwich. Capitale, *Honotoulou*.

POSSESSIONS EUROPÉENNES.

Les possessions européennes sont celles des *Hollandais*, des *Portugais*, des *Espagnols*, des *Anglais* et des *Français*.

POSSESSIONS HOLLANDAISES.

Les colonies des Hollandais, dans la Malaisie, sont très-importantes et forment un gouvernement général, dit des *Indes orientales*, qui comprend:
1° Le gouvernement de *Java* et de *Madura*. Population de 6 à 7 millions d'hab. Capitale, *Batavia*, dans l'île de Java; 70,000 hab.
2° Le gouvernement de *Sumatra*. Chef-lieu, *Padang*, port situé sur la côte occidentale de Sumatra;
3° Deux provinces dans l'île *Bornéo* : celles du sud et de l'est. Chef-lieu, *Bandjer-Massing*, sur la côte méridionale. Celle de la côte ouest. Chef-lieu, *Pontiana*, port franc;
4° *Célèbes*, avec les îles voisines. Chef-lieu, *Macassar*, sur la côte occidentale de l'île;
5° Les *Moluques : Amboine, Ternate* et *Banda*. Chef-lieu, *Amboine*, dans l'île de ce nom;
6° La province de *Timor*. Chef-lieu, *Koupang*;
7° Les résidences de *Rhio* et de *Banca*.

POSSESSIONS PORTUGAISES.

Les Portugais ont quelques établissements dans l'île *Timor* et dans quelques îles voisines. Chef-lieu, *Dillé*.

POSSESSIONS ESPAGNOLES.

Les Espagnols possèdent l'archipel des *Philippines*. Population de la partie soumise, 2 millions d'hab. Capitale, *Manille*, dans l'île Luçon, ville forte et commerçante. 60,000 hab.

L'archipel des *Mariannes*. Chef-lieu, *Agana*, dans l'île Guaham.

POSSESSIONS ANGLAISES.

Les établissements anglais sont :
1° La *Nouvelle-Galles du Sud* ou *Australie orientale*. Population, 250,000 hab. Chef-lieu, *Sydney*, ville commerçante. 40,000 hab.;
2° L'*Australie méridionale*. Chef-lieu, *Adélaïde*, sur le golfe Saint-Vincent;
3° L'*Australie occidentale* (rivière des Cygnes). Chef-lieu, *Perth*;
4° La *Tasmanie* ou terre de *Van-Diémen*. Chef-lieu, *Hobart-Town*, sur la côte E.; *George-Town*, bâtie sur la côte N.;
5° La *Nouvelle-Zélande*, située au S.-E. de la Nouvelle-Hollande. Populat. 200,000 hab. Chef-lieu, *Auckland*.

POSSESSIONS FRANÇAISES.

Les Français possèdent, dans l'Océanie, les *îles Marquises*. Population, 20,000 hab. Chef-lieu, le fort Collet, dans l'île de *Nouka-Hiva*. Les pays placés sous la protection de la France sont : Les îles *Taïti*, où se trouve la station de *Papeïti*, résidence du gouverneur général; les îles *Gambier* et *Wallis*.

Les Français ont pris possession de la *Nouvelle-Calédonie*, habitée par des nègres guerriers et anthropophages.

PRODUCTIONS DE L'OCÉANIE.

Les Hollandais trouvent dans l'île de Sumatra de l'or, de l'ivoire, du camphre, du poivre et du café. Ils exploitent les riches mines de fer et d'étain de l'île de Banca. L'île de Java leur fournit le café, le coton et le riz. Ils trouvent de l'or et des diamants dans l'île de Bornéo; les clous de girofle et la noix muscade dans les Moluques.

Les Espagnols tirent des Philippines de l'or, du sucre, du tabac excellent, de l'indigo et du coton.

L'Australie fournit aux Anglais des laines, des bois de construction, des bois de teinture et des gommes. On pêche sur les côtes de la Nouvelle-Zélande les phoques, les cachalots, etc.

PARIS. TYP. H. PLON, 8, RUE GARANCIÈRE.

Pl. 2.
ASIE
Pékin
CHINE
INDOCHINE
Canton
Bornéo
GRAND OCÉAN BORÉAL
AMÉRIQUE
San Francisco
Arch. le Magellan
Arch. d'Argos
I. Marianes
Iles Carolines
Iles Sandwich
Hawaï
Tropique du Cancer
Équateur ou Ligne Équinoxiale
Iles Marquises
NLLE GUINÉE
Dét. de Torres
Iles de la Sonde
I. Timor
NOUVELLE HOLLANDE
OU
AUSTRALIE
Nelle Calédonie
Tropique du Capricorne
Sydney
Dét. de Bass
Hobart-Town
Terre de Diémen
GRAND OCÉAN AUSTRAL
Iles Antipodes
OCÉANIE
Dressée par
J. L. SANIS

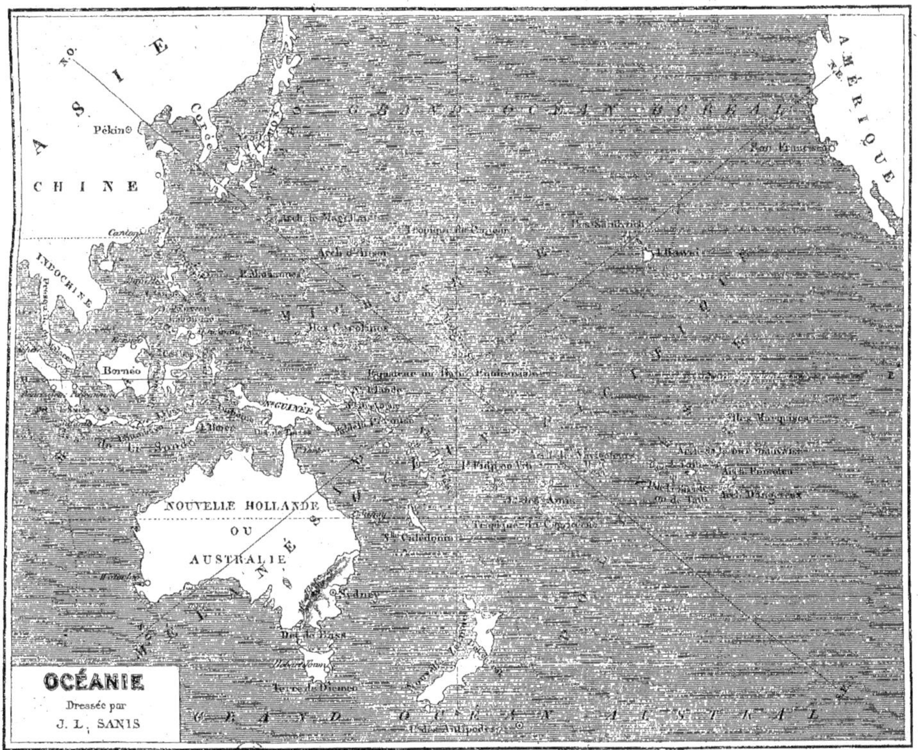

LÉGENDE.

FRANCE PHYSIQUE.

MERS.
1 Mer du Nord ou Germanique.
2 Mer de la Manche.
3 Océan Atlantique.
4 Mer Méditerranée.

GOLFES ET BAIES.
5 Baie de la Somme.
6 Golfe de la Seine.
7 Baie de Saint Malo.
8 Baie de Saint-Brieuc.
9 Rade et port de Brest.
10 Baie d'Ourmenez.
11 Baie d'Audierne.
12 Baie de Concarneau.
13 Golfe du Morbihan.
14 Baie de Bourgneuf.
15 Étang d'Arcachon.
16 Golfe de Gascogne.
17 Golfe du Lion.

DÉTROIT.
18 Détroit du Pas-de-Calais.

ILES ET PRESQU'ILES.
19 Rochers du Calvados.
20 Ile d'Aurigny.
21 Ile de Guernesey.
22 Ile de Jersey.
23 Ile d'Ouessant.
24 Iles de Sein.
25 Iles Glenan.
26 Ile Groais.
27 Belle-Ile.
28 Ile de Noirmoutier.
29 Ile d'Ieu.
30 Ile de Ré.
31 Ile d'Oléron.
32 Iles d'Hyères.
33 Iles de Lérins.
34 Ile de Corse.
35 Presqu'île de Cotentin.
36 Presqu'île de Bretagne.
37 Presqu'île de Quiberon.

CAPS ET POINTES.
38 Cap Grisnes.
39 Cap d'Entifer.
40 Pointe de la Hève.
41 Cap Barfleur.
42 Cap de la Hague.
43 Cap Sillon.
44 Cap Saint-Mathieu.
45 Cap Penmarch.
46 Pointe du Croisic.
47 Pointe Saint-Gildas.
48 Pointe de Coubre.
49 Pointe de Grave.
50 Cap Cerbera.
51 Cap Sicie.

CHAINES DE MONTAGNES.
52 La chaîne des Alpes.
53 La chaîne du Jura.
54 La chaîne des Vosges.
55 Les monts Faucilles.
56 Les monts de Langres.
57 Les monts de la Côte-d'Or.
58 Les monts du Morvan et du Nivernais.
59 Les monts d'Arrée.
60 La chaîne des Cévennes.
61 Les monts d'Auvergne.
62 Les monts du Limousin.
63 Les monts du Forez.
64 La chaîne des Pyrénées.

VERSANT DE LA MER DU NORD.
BASSIN DE L'ESCAUT.
65 Ceinture : Collines de l'Artois.
66 Collines de Belgique.
67 Cours d'eau : l'Escaut, fleuve.
68 La Lys, rivière, affluent.
69 La Scarpe, rivière, aff.

BASSIN DE LA MEUSE.
70 Ceinture : Ardenne occidentale.
71 Argonne occidentale.
72 Ardenne orientale.
73 Argonne orientale.
74 Cours d'eau : la Meuse, fleuve.
75 La Sambre, affluent.

BASSIN DU RHIN.
76 Ceinture : Faucilles, Vosges mérid. et col de Valdieu.
77 Cours d'eau : le Rhin, fleuve.
78 L'Ill, rivière, affluent.
79 La Moselle, rivière, aff.
80 La Meurthe, riv., sous-aff.
81 La Saar, rivière, sous-aff.

VERSANT DE LA MANCHE.
BASSIN DE LA SOMME.
82 Ceinture : Collines de Picardie.
83 Collines du pays de Caux.
84 Cours d'eau : la Somme, riv.

BASSIN DE LA SEINE.
Ceinture : Monts de Langres, de la Côte-d'Or, du Morvan et du Nivernais.
85 Plateau ou forêt d'Orléans.
86 Plaine de la Beauce.
87 Monts du Perche.
88 Collines de Lieuvin.
89 Cours d'eau : la Seine, fleuve.
90 L'Oise, rivière, affluent.
91 L'Aisne, rivière, sous-aff.
92 La Marne, rivière, aff.
93 L'Aube, rivière, affluent.
94 L'Yonne, rivière, affluent.
95 L'Armençon, rivière, sous-aff.
96 L'Eure, rivière, affluent.
97 l'Iton, rivière, sous-aff.

BASSIN DE L'ORNE.
98 Ceinture : Coll. de Normandie.
99 Collines du Cotentin.
100 Cours d'eau : l'Orne, rivière.
101 La Vire, rivière.

BASSIN DE LA RANCE.
102 Ceint. : Collines de Bretagne et Monts d'Arrée.
103 Cours d'eau : le Couesnon, riv.
104 La Rance, rivière.

VERSANT DE L'ATLANTIQUE.
BASSIN DE LA VILAINE.
105 Ceint. : Montagnes Noires.
106 Cours d'eau : l'Aulne, rivière.
107 Le Blavet, rivière.
108 La Vilaine, rivière.
109 L'Ille, rivière, affluent.

BASSIN DE LA LOIRE.
110 Ceint. : les collines du Maine et les hauteurs dont le nom est sur la carte.
111 Cours d'eau : la Loire, fleuve.
112 L'Erdre, rivière, affluent.
113 La Mayenne, rivière, sous-aff.
114 La Sarthe, rivière, sous-aff.
115 Le Loir, rivière, sous-aff.
116 Le Maine, rivière, aff.
117 La Nièvre, rivière, affluent.
118 L'Allier, rivière, affluent.
119 Le Loiret, rivière, affluent.
120 Le Cher, rivière, affluent.
121 L'Indre, rivière, affluent.
122 La Vienne, rivière, affluent.
123 La Creuse, rivière, sous-aff.
124 La Sèvre-Nantaise. riv., aff.

BASSIN DE LA CHARENTE.
125 Ceinture : Collines du Périgord et de la Saintonge.
126 Cours d'eau : la Charente, riv.
127 La Sèvre-Niortaise, rivière.
128 La Vendée, rivière, affluent.

BASSIN DE LA GARONNE.
129 Ceinture : Monts de Bigorre, et de l'Armagnac.
130 Collines du Bordelais.
131 Corbières occidentales.
132 Cours d'eau : la Gironde.
133 La Garonne, fleuve.
134 La Dordogne, rivière, aff.
135 L'Isle, rivière, sous-affluent.
136 La Vezère, rivière, sous-aff.
137 La Corrèze, rivière, sous-aff.
138 Le Lot, rivière, affluent.
139 Le Tarn, rivière, affluent.
140 L'Aveyron, rivière, sous-aff.
141 L'Ariége, rivière, affluent.
142 Le Gers, rivière, affluent.

BASSIN DE L'ADOUR.
Ceinture : Voir la carte.
143 Cours d'eau : l'Adour, rivière.
144 Le Gave de Pau, rivière, aff.

VERSANT DE LA MÉDITERRANÉE.
BASSIN DE L'HÉRAULT.
145 Ceinture : Corbières orientales. (Voir la Carte.)
146 Cours d'eau : l'Aude, rivière.
147 L'Hérault, rivière.

BASSIN DU RHÔNE.
Ceinture : Voir la carte.
148 Cours d'eau : le Rhône, fleuve.
149 Le Gard, rivière, affluent.
150 L'Ardèche, rivière, affluent.
151 La Saône, rivière, affluent.
152 L'Ouche, rivière, sous-aff.
153 Le Doubs, rivière, sous-aff.
154 L'Ain, rivière, affluent.
155 L'Isère, rivière, affluent.
156 La Drôme, rivière, affluent.
157 La Durance, rivière, affluent.

BASSIN DU VAR.
158 Ceinture : Alpes de Provence.
159 Montagnes des Maures.
160 Cours d'eau : le Var, rivière.

LACS, ÉTANGS.
161 Lac du Grand-Lieu.
162 Étang de Carcan.
163 Étang de la Canau.
164 Étang de Sanguinet.
165 Étang de Leucate.
166 Étang de Sigean.
167 Étang de Thau.
168 Étang de Valcarès.
169 Étang de Berre.

PARIS. TYP. H. PLON, 8, RUE GARANCIÈRE.

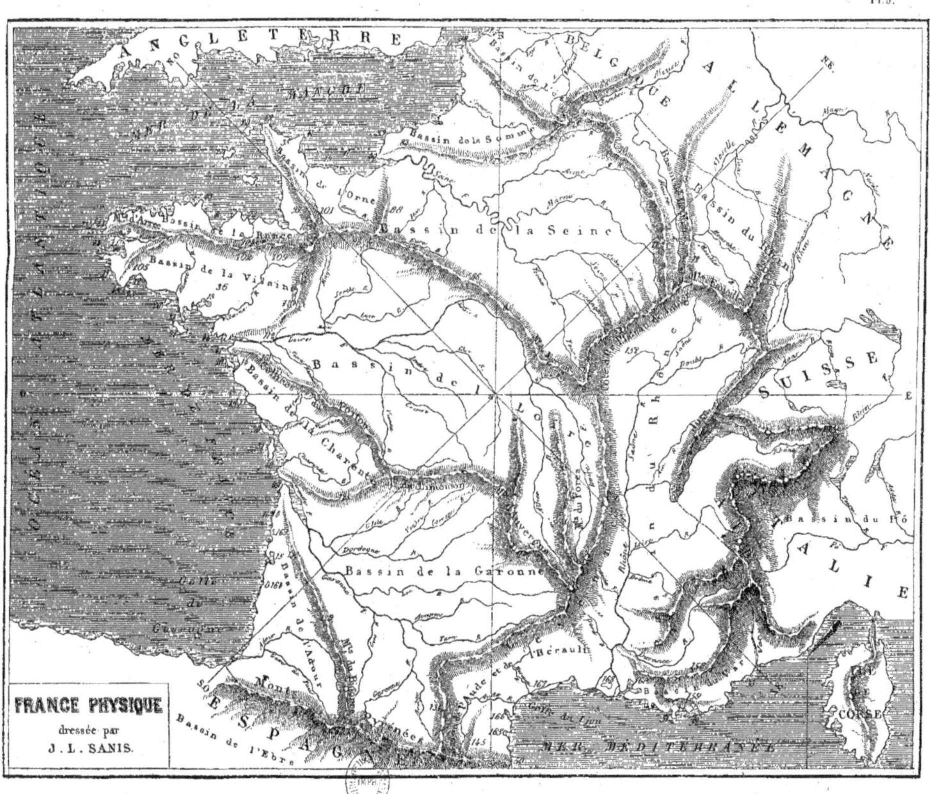
ANGLETERRE
BELGIQUE
ALLEMAGNE
SUISSE
ITALIE
ESPAGNE
MER DE LA MANCHE
OCÉAN ATLANTIQUE
MER MÉDITERRANÉE
Golfe de Gascogne
Golfe du Lyon
CORSE
Bassin de la Somme
Bassin de l'Orne
Bassin de la Seine
Bassin du Rhin
Bassin de la Rance
Bassin de la Vilaine
Bassin de la Loire
Bassin de la Charente
Bassin de la Garonne
Bassin du Rhône
Bassin du Pô
Bassin de l'Ebre
Bassin de l'Adour
Aude et de l'Hérault
Pyrénées
FRANCE PHYSIQUE
dressée par
J. L. SANIS.

LÉGENDE.

FRANCE POLITIQUE.

PROVINCES.

DÉPARTEMENTS QUI EN SONT FORMÉS. CHEFS-LIEUX.

Versants de la mer du Nord et de la mer de la Manche.

Bassins du Rhin, de la Meuse, de l'Escaut, de la Somme, de la Seine, de l'Orne et de la Vire.

I. ALSACE. L'Alsace a formé 2 départements :
1 Haut-Rhin, chef-lieu, Colmar;
2 Bas-Rhin, ch.-l., Strasbourg.

II. LORRAINE. La Lorraine a formé 4 départements :
3 Moselle, chef-lieu, Metz;
4 Meurthe, chef-lieu, Nancy;
5 Vosges, chef-lieu, Épinal;
6 Meuse, chef-lieu, Bar-le-Duc.

III. CHAMPAGNE. La Champagne a formé 4 départements :
7 Ardennes, chef-lieu, Mézières;
8 Marne, chef-lieu, Châlons-sur-Marne;
9 Haute-Marne, chef-lieu, Chaumont;
10 Aube, chef-lieu, Troyes.

IV. FLANDRE. La Flandre a formé :
11 Le département du Nord, chef-lieu, Lille.

V. ARTOIS. L'Artois a formé :
12 Le département du Pas-de-Calais, chef-lieu, Arras.

VI. PICARDIE. La Picardie a formé :
13 Le département de la Somme, chef-lieu, Amiens.

VII. ILE-DE-FRANCE. L'Ile-de-France a formé 5 départements :
14 Aisne, chef-lieu, Laon;
15 Oise, chef-lieu, Beauvais;
16 Seine, chef-lieu, Paris;
17 Seine-et-Marne, ch.-l., Melun;
18 Seine-et-Oise, chef-lieu, Versailles.

VIII. NORMANDIE. La Normandie a formé 5 départements :
19 Seine-Inférieure, ch.-l., Rouen;
20 Eure, chef-lieu, Evreux;
21 Calvados, chef-lieu, Caen;
22 Orne, chef-lieu, Alençon;
23 Manche, chef-lieu, Saint-Lô.

Versant de l'Atlantique.

Bassins de la Vilaine, de la Loire, de la Charente, de la Garonne et de l'Adour.

IX. BRETAGNE. La Bretagne a formé 5 départements :
24 Ille-et-Vilaine, ch.-l., Rennes.
25 Côtes-du-Nord, ch.-l., Saint-Brieuc.
26 Finistère, chef-lieu, Quimper;
27 Morbihan, chef-lieu, Vannes;
28 Loire-Inférieure, chef-lieu, Nantes.

X. ANJOU. L'Anjou a formé :
29 Le département de Maine-et-Loire, chef-lieu, Angers.

XI. MAINE. Le Maine a formé 2 départements :
30 Mayenne, chef-lieu, Laval;
31 Sarthe, chef-lieu, le Mans.

XII. TOURAINE. La Touraine a formé :
32 Le départ. d'Indre-et-Loire, chef-lieu, Tours.

XIII. ORLÉANAIS. L'Orléanais a formé 3 départements :
33 Loir-et-Cher, chef-lieu, Blois;
34 Eure-et-Loir, ch.-l., Chartres;
35 Loiret, chef-lieu, Orléans.

XIV. NIVERNAIS. Le Nivernais a formé :
36 Le département de la Nièvre, chef-lieu, Nevers.

XV. BOURBONNAIS. Le Bourbonnais a formé :
37 Le département de l'Allier, chef-lieu, Moulins.

XVI. BERRY. Le Berry a formé 2 départements :
38 Cher, chef-lieu, Bourges;
39 Indre, chef-lieu, Châteauroux.

XVII. POITOU. Le Poitou a formé 3 départements :
40 Vienne, chef-lieu, Poitiers;
41 Deux-Sèvres, chef-lieu, Niort;
42 Vendée, chef-lieu, Napoléon-Vendée.

XVIII. AUNIS et SAINTONGE. Ces deux provinces ont formé :
43 Le départ. de la Charente-Inférieure, ch.-lieu, La Rochelle.

XIX. ANGOUMOIS. L'Angoumois a formé :
44 Le département de la Charente, chef-lieu, Angoulême.

XX. LIMOUSIN. Le Limousin a formé deux départements :
45 Haute-Vienne, ch.-l., Limoges;
46 Corrèze, chef-lieu, Tulle.

XXI. MARCHE. La Marche a formé :
47 Le département de la Creuse, chef-lieu, Guéret.

XXII. AUVERGNE. L'Auvergne a formé 2 départements :
48 Puy-de-Dôme, chef-lieu, Clermont-Ferrand;
49 Cantal, chef-lieu, Aurillac.

XXIII. GUYENNE et GASCOGNE. Ces deux provinces ont formé 9 départements :
50 Gironde, chef-lieu, Bordeaux;
51 Dordogne, chef-lieu, Périgueux;
52 Lot-et-Garonne, chef-lieu, Agen;
53 Lot, chef-lieu, Cahors;
54 Aveyron, chef-lieu, Rodez;
55 Tarn-et-Garonne, chef-lieu, Montauban;
56 Gers, chef-lieu, Auch;
57 Landes, chef-lieu, Mont-de-Marsan;
58 Hautes-Pyrénées, chef-lieu, Tarbes.

XXIV. BÉARN. Le Béarn a formé :
59 Le département des Basses-Pyrénées, chef-lieu, Pau.

XXV. COMTÉ DE FOIX. Le Comté de Foix a formé :
60 Le département de l'Ariége, chef-lieu, Foix.

XXVI. LANGUEDOC. Le Languedoc a formé 8 départements :
61 Haute-Garonne, chef-lieu, Toulouse;
62 Tarn, chef-lieu, Alby;
63 Lozère, chef-lieu, Mende;
64 Haute-Loire, ch.-l., le Puy.

Versant de la Méditerranée.

Bassins du Var, du Rhône, de l'Hérault et de l'Aude.

Suite des départements formés du Languedoc :
65 Ardèche, chef-lieu, Privas;
66 Gard, chef-lieu, Nîmes;
67 Hérault, chef-lieu, Montpellier;
68 Aude, chef-lieu, Carcassonne.

XXVII. ROUSSILLON. Le Roussillon a formé :
69 Le départ. des Pyrénées-Orientales, chef-lieu, Perpignan.

XXVIII. FRANCHE-COMTÉ. La Franche-Comté a formé 3 départements :
70 Haute-Saône, chef-lieu, Vesoul;
71 Doubs, chef-lieu, Besançon;
72 Jura, chef-lieu, Lons-le-Saunier.

XXIX. BOURGOGNE. La Bourgogne a formé 4 départements :
73 Yonne, chef-lieu, Auxerre;
74 Côte-d'Or, chef-lieu, Dijon;
75 Saône-et-Loire, ch.-l., Mâcon;
76 Ain, chef-lieu, Bourg.

XXX. LYONNAIS. Le Lyonnais a formé deux départements :
77 Rhône, chef-lieu, Lyon;
78 Loire, chef-lieu, Saint-Etienne.

XXXI. DAUPHINÉ. Le Dauphiné a formé 3 départements :
79 Isère, chef-lieu, Grenoble;
80 Hautes-Alpes, chef-lieu, Gap;
81 Drôme, chef-lieu, Valence.

COMTÉ D'AVIGNON. Le Comté d'Avignon, qui appartenait au pape, a formé :
82 Le département de Vaucluse, chef-lieu, Avignon.

XXXII. PROVENCE. La Provence a formé 3 départements :
83 Bouches-du-Rhône, chef-lieu, Marseille;
84 Basses-Alpes, chef-lieu, Digne;
85 Var, chef-lieu, Draguignan.

CORSE. La Corse a formé :
86 Le département qui porte son nom, chef-lieu, Ajaccio.

PARIS. TYP. H. PLON, 8, RUE GARANCIÈRE.

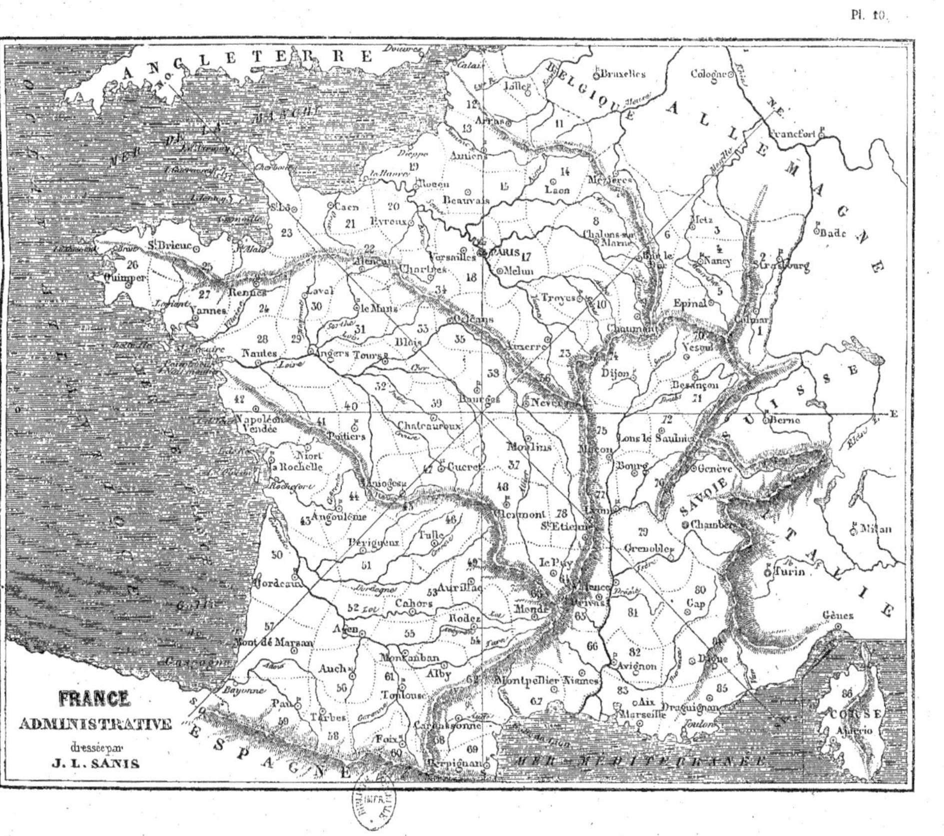
FRANCE
ADMINISTRATIVE
dressée par
J. L. SANIS
ANGLETERRE
BELGIQUE
ALLEMAGNE
SUISSE
ITALIE
ESPAGNE
CORSE
MANCHE
MER MÉDITERRANÉE
Calais
Lille
Bruxelles
Cologne
Francfort
Arras
Amiens
Laon
Mézières
Metz
Bade
Dieppe
le Havre
Beauvais
Chalons sur Marne
Nancy
Strasbourg
Rouen
PARIS
Melun
Troyes
Epinal
Colmar
Versailles
Chartres
Chaumont
Vesoul
Caen
Evreux
Orléans
Auxerre
Dijon
Besançon
Berne
St Lô
St Malo
Alençon
Laval
le Mans
Blois
Bourges
Nevers
Lons le Saulnier
St Brieuc
Rennes
Tours
Chateauroux
Moulins
Mâcon
Genève
Quimper
Vannes
Angers
Nantes
Napoléon Vendée
Poitiers
Guéret
Clermont
Bourg
Chambéry
Niort
la Rochelle
Rochefort
Limoges
St Etienne
Grenoble
Angoulême
Tulle
le Puy
Gap
Turin
Milan
Périgueux
Aurillac
Mende
Privas
Digne
Bordeaux
Cahors
Rodez
Nîmes
Avignon
Aix
Gènes
Agen
Montauban
Alby
Montpellier
Marseille
Draguignan
Toulon
Ajaccio
Mont de Marsan
Auch
Toulouse
Bayonne
Pau
Tarbes
Carcassonne
Foix
Perpignan

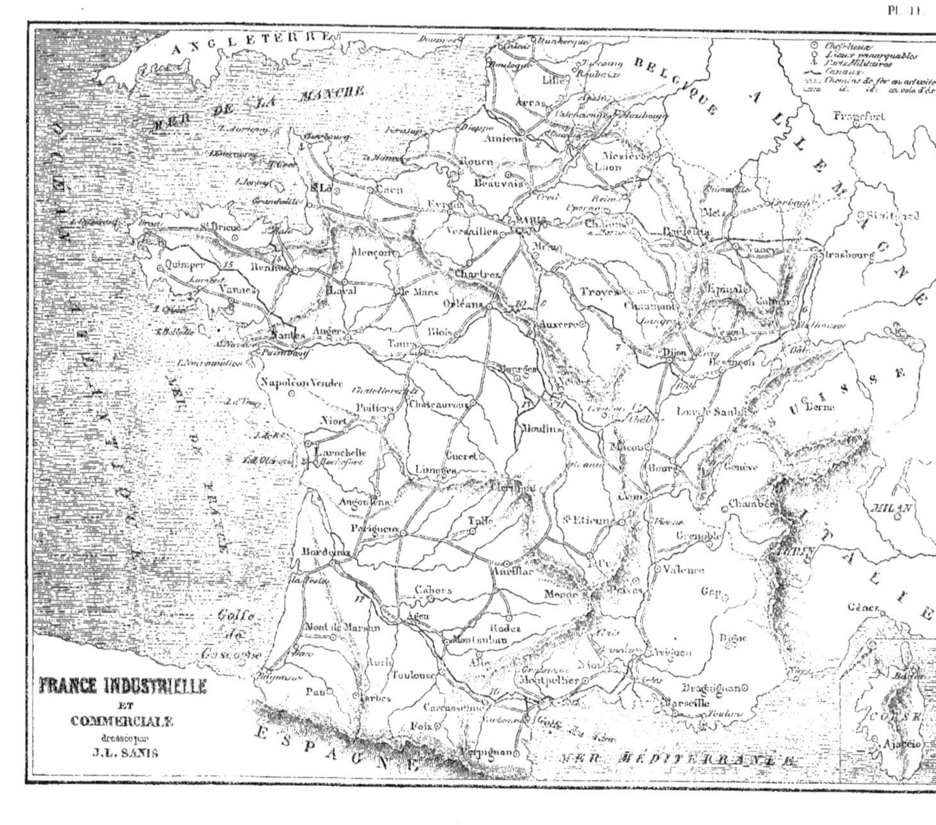
FRANCE INDUSTRIELLE
ET
COMMERCIALE
dressée par
J.L. SANIS

PARIS. TYPOGRAPHIE DE HENRI PLON, IMPRIMEUR DE L'EMPEREUR,
Rue Garancière, 8.